U0660688

教师素养系列

著名语文教育家 于漪 总主编

教师创新意识的唤醒

杨 冰／编著

习于智长，优与心成

今天做教师最需要具备的基本素养

JIAOSHI CHUANGXIN YISHI DE HUANXING

东北师范大学出版社
NORTHEAST NORMAL UNIVERSITY PRESS
·长 春·

图书在版编目（CIP）数据

教师创新意识的唤醒/杨冰编著. —长春：东北师范
大学出版社，2020.7
ISBN 978 - 7 - 5681 - 6987 - 5

Ⅰ．①教… Ⅱ．①杨… Ⅲ．①中小学—教师—
创造性思维—师资培养—研究 Ⅳ.①G635.12

中国版本图书馆 CIP 数据核字（2020）第 127025 号

□责任编辑：高 铭 □封面设计：方 圆
□责任校对：刘晓军 □责任印制：许 冰

东北师范大学出版社出版发行
长春净月经济开发区金宝街 118 号（邮政编码：130117）
电话：0431—84568105
网址：http：// www.nenup.com
东北师范大学音像出版社制版
辽宁新华印务有限公司印装
沈阳市张士经济技术开发区
中央大街六号路 14 甲－3 号（邮政编码：110021）
2020 年 7 月第 1 版 2020 年 7 月第 2 次印刷
幅面尺寸：169 mm×239 mm 印张：15.25 字数：250 千

定价：86.00 元

序

　　教师从事的是塑造灵魂、塑造生命、塑造人的工作，其艰巨性与复杂性，难以用语言表述完备。

　　青少年是一个个鲜活的生命，他们的生命基因、家庭情况、情智水平、兴趣爱好、行为习惯等等，各不相同，各具个性，教师要进入他们的世界，了解、熟悉、摸清他们的内在需求，绝非一日之功。而且，他们天天在发展，天天在变化，有的平稳向前，有的起起伏伏，有的突然拐弯转向。教师不把心贴在他们身上，就不能洞悉他们的变化，当然也就谈不上因事而教，助推成长。当今，社会上的价值多元、文化多样，信息工具普及，学生生活在这样的时代大潮中，思想、行为、性格、爱好、追求等，无不打上时代的印记。教书育人工作中的新情况、新问题层出不穷，如何应对，如何破解难题，是每位教师都要面对的。因此，每位教师都须攻坚克难，用勤奋与智慧提升教育质量。为此，教师自己的成长，教师队伍的建设就成为教育的重中之重。

　　教师是培育学生成长、成人、成才的人，首先自己应该是一个堂堂正正、光明磊落、有社会担当的人，以自己高尚的人格、高雅的情操熏陶感染学生，引导他们形成完善的人格和健康的审美情趣，以扎实的科学文化学养激发他们旺盛的求知欲，引领他们打下科学文化基础，并有向科学宝库、文化宝库积极探索的强烈兴趣。故而，古今中外对教师几乎都有共同的要求，那就是：德才兼备。教师要做"谦谦君子""人之榜样"，要"腹有诗书气自华"，有厚实的学术文化功底。然而，在当今时代，还得有新的要求。《国家中长期教育改革和发展规划纲要（2010—2020 年）》中关于教师队伍建设的要求是：建设一支师德高尚、业务精湛、结构合理、充满活力的高素质专业化的队伍。显然，"结构合理"是教育行政部门须考虑的，而"充满活力"却是教师须探索并加以落实的。这是时代的要求，在从事教育教学工作中须强化创新意识，发挥创新精神，锤炼实践能力，精神饱满，气宇轩昂，满怀自信去创建优质教育。

直面教育现场，教师加强研修、自觉成长自然就成为应有之义。人的成长是一辈子的事，学历水平不等于岗位水平，因为教育不是一个结果，而是生命展开的过程，永远面向未来。在当前社会急速变化的情势下，要想挑起立德育人的刚性责任，创造教育教学的精彩，教师就须自觉地与学生一起成长。

成长有众多因素，与同行交流是其中有效途径之一。现场倾听交流是一种方法，阅读同行的文字表达也是一种方法。东北师范大学出版社组织撰写的《教师素养系列丛书》就是针对教师素养的几个方面从理论与实践结合的高度进行探讨、交流的，以期心灵感应，取得更多共识。

祝愿教师同行通过阅读交流，有所启迪与借鉴，走向优秀、走向卓越的步伐更扎实，更敏捷。

于　漪

前　言

　　我们正身处一个飞速发展、充满竞争、知识经济大爆炸的时代，创新是这个时代对于人才的客观要求，也是人的主体性的突出标志。一个国家综合实力的竞争，归根结底是创新人才的竞争，足见创新教育的重要性。培养具有创新精神、创新能力、创新意识、创新素养、创新思维、创新技法、创新潜能的创新人才是当今教育的主题和首要任务。而创新人才需要创新教师的培养，没有创新的教师，如何造就创新的学生？创新型教师无疑是创新教育的主导力量，是培养人才的前提条件。基于此，成为一名创新型教师，成为越来越多的教师对自己的内在要求。

　　我国著名的教育家陶行知早在1943年就曾站在时代浪头，呼吁来者不断创造，他宣告"处处是创造之地，天天是创造之时，人人是创造之人"的创造宣言，大声疾呼"仿我者死，创我者生"的创新意识，还曾指出"教师的成功是创造出值得自己崇拜的人。先生之最大的快乐，是创造出值得自己崇拜的学生"。可见，创造不仅是教育的应有之意，伴随着教育过程的始终，也是教育结果的一种诉求。

　　基于现实的迫切需求，基于历史的时代回眸，这个时代的教育急需创新型教师。创新型教师，就是一群有着非凡创新人格、创新意识、创新精神以及创新思维的教师。他们能够引导学生创新品质的形成：打造学生的创新人格，养成学生的创新精神、问题意识和质疑精神。他们会引导学生探索自我兴趣，激发创新动机。他们能够引发学生的创新情感，磨炼学生的创新意志。

创新型教师能够引导学生开展创造性的教育教学活动，呵护学生的好奇心理，激发学生的求知欲望，培养善于观察、善于发现、富于想象，具有创造性洞察力以及创造性地认识事物的学生。创新型教师能够掌握创新技法，不断提升自身的创新思维，并将其运用到教育教学之中，培养学生创新思维的流畅性、变通性、独特性和辩证性。创新型教师能够与时俱进、终身学习，善于捕捉新思想，勇于接受新事物，不断拉近与学生的距离，是充满热情、激情的，真挚的，对于教育有着执着追求和师者情怀的教师。

时代呼唤创新型教师。教师一定要站在建设创新型国家战略的高度，充分认识自身素养的提升对推动教育取得突破性进展所具有的重要意义和关键作用，从而增强教育教学改革的使命感、责任感和紧迫感，更好地培养自己的创新精神和创新能力。

本书旨在帮助教师唤醒创新意识，打造创新人格，培养创新思维，形成创新能力，掌握创新技法，开展创新教育。教师在实施创新教育之时，要明晰创新教育内涵，全力实施创新教育，深刻洞悉创新教育教学的标准，打造创新教学模式；教师要身先示范，不断引领，不断创造，实施创造性课堂教学，打造一堂堂创造性的教学，开展创造性课后活动；教师也要不断反思、不断总结，创造性地精选教学内容，创造性地编写教材；教师还要走向自然、走向社会，开展创造性社会实践。

本书每一个篇章都通过案例直击、案例评析、理论导航和行动研修的结构逻辑，从教师在教育教学理论现象或者问题入手，进行学理上的剖析与总结，之后进行理论上的引领与提升，进而完成对于教师行动研修的相关指导。精细化地梳理和总结教师在教育教学中可能遇到的创新问题，总结先进教师的创新经验，为广大教师的职业生涯提供精神源泉和实践动力，在教育教学的创新层面切实推动教师的职业素养和能力的提升。

当然，教师创新素养与创新能力的培养，从内包含了教师的创新人格与创新精神的养成，创新思维的训练，以及创新能力的开发与提升；从外则需要一个民主澄明、自由宽松的适合创新的人文环境的优化，以及相应管理机制与措施的得当。也就是说，除了教师主体不断修炼和提升之外，还需要优化外部的创新环境。只有这样，教师才能真正进行创新教育与教学实践探索。

本书编者挚诚地期待各位读者、教师一起，扬起创新智慧的风帆，在修炼和造就创新型教师这一浩瀚的学海中乘风破浪，并衷心地祝愿各位早日驶向创新的彼岸！

最后要感谢东北师范大学出版社在系列丛书的策划以及出版过程中给予的关注、指导与支持。

由于编者水平有限，加之时间仓促，书中难免有疏漏与不足之处，敬请专家和读者批评指正。

杨　冰

南京晓庄学院

目　　录

第一章

教师创新意识概述

第一节 时代呼唤创新人才 教育需要创新教师

案例与分析

案例直击

作为科学大家，钱学森从 1955 年冲破重重阻碍回到祖国起，数十年如一日，为新中国的科技事业、航天事业和国防建设做出了开创性的贡献，带动和推进了系统科学的发展，使我国产生了许多令人骄傲的自主创新成果。

钱学森曾提出过两个观点：一是要让学生去想去做那些前人没有想过和做过的事情，没有创新，就不会成为杰出人才；二是学文科的要懂一些理工知识，学理工的要学一点文史知识。

2005 年 7 月 29 日，钱学森曾向温家宝总理进言："现在中国没有完全发展起来，一个重要原因是没有一所大学能够按照培养科学技术发明创造人才的模式去办学，没有自己独特的创新的东西，老是'冒'不出杰出人才。这是很大的问题。"

2009 年 11 月，在钱学森逝世后，十一位教授联名给新任教育部部长袁贵仁及全国教育界发出了一封公开信："让我们直面'钱学森之问'！"公开信指出：为什么我们的学校总是培养不出杰出人才？这是一个刻骨铭心的疑问。缺乏人才长远规划的短视行为，以及由此产生的扭曲的考核评价和选拔机制，怎能催生"独立之精神、自由之思想"？怎能让创新之花盛开、创新之树常绿？这封公开信让"钱学森之问"成了舆论的焦点。

案例评析

"钱学森之问"的确是中国教育事业发展史上一道艰难而深奥的命题，需要整个教育界乃至社会各界共同破解。按照钱学森的看法，杰出人才涌现、国家科技进步的根本原因在教育。建设创新型国家，关键在于培养人才，尤其是创新人才。因此，了解什么是创新人才，创新人才有哪些类型，创新人才的本质特征是什么，是培养创新人才的逻辑起点。总之，时代需要创新人才，而创新人才的培养需要创新型教师。

理论与应用

◎ 理论导航

一、创新是现代化人才的必备素质

创新精神和创新能力是现代化建设、21世纪知识经济的合格人才必备的素质，这一点已经成为国内外学者的共识。美国著名的社会学家英格尔斯对于发展中国家实现现代化问题做了深入的研究，他认为人的现代化是国家现代化不可缺少的因素。在《人的现代化》一书里，他提出了12条现代人应该具备的品质和特征。

（1）准备和乐于接受他未经历过的新的生活经验、新的思想观念、新的行为方式。简言之，就是具有乐于接受新事物的品质。这是现代人特征中的首要因素。

（2）准备接受社会的改革和变化，这比上一点要更进一步。

（3）思路广阔，头脑开放，尊重并愿意考虑各方面的不同意见和看法。

（4）注重现在和未来，守时惜时。

（5）具有强烈的个人效能感，对人和社会的能力充满信心，办事讲求效率。

（6）重视有计划地生活与工作，不是等事情发生了，再去被动地处理它们，而是事先就考虑到，有计划地加以安排。

（7）尊重知识。现代人不大固执己见，较尊重事实，注重科学实验，愿意吸收新的知识，不轻信臆想和妄说，热心探索未知的领域。

（8）可依赖性和信任感。不赞同事事均由命运决定或生来不可改变的说法，认为社会是可依赖的和可信任的，依靠社会的力量能够使人生活得更好。

（9）重视专门技术，有愿意根据技术水平高低来领取不同报酬的心理基础。

（10）自己和后代不一定要从事令人尊敬的职业，对教育的内容和传统智慧敢于挑战。

（11）与他人相互了解、尊重和自尊。

（12）了解生产及其过程。

可见，在现代人的素养构成中，创新精神和创新能力已成为现代人才的重要衡量标准。

二、创新人才的内涵

（一）创新人才的基本特征

2011 年 10 月 5 日，苹果公司在其官网发布讣告，沉痛宣布苹果公司创始人、前首席执行官史蒂夫·乔布斯因胰腺癌并发症离世，享年 56 岁。悼词这样写道："苹果失去了一位有远见卓识、开拓创新的天才；世界失去了一位令人惊叹的人物；我们这些有幸了解并与乔布斯共同工作过的人，失去了一位密友，以及一位善于鼓舞人心的导师。"

乔布斯离世的消息发布后，全球商业领袖和一些国家领导人对乔布斯的离世表达了哀痛与怀念。微软公司联合创始人比尔·盖茨说："我们大约 30 年前初次见面，曾经共事，彼此竞争，并成为好友。与乔布斯共事，是我此生极大的荣幸。举世鲜有像乔布斯这样产生如此深远影响的人才。"脸谱网站创始人扎克伯格则说："非常感谢史蒂夫先生成为我们的朋友和导师，感谢他启示我们如何改变世界。我们永远想念他。"美国总统奥巴马说："我们痛失一位有远见卓识者。乔布斯先生有足够的胆识进行与众不同的思考，有足够的自信认为自己能够改变世界，而且有足够的天赋做到这一点！"

人才是指具有一定的专业知识或专门技能，能够进行创造性劳动并对社会做出贡献的人，是能力和素质较高的人。创新人才指的是以创新探求为人生志向，且已经形成稳定的行为品质，做出突出贡献和成就的人。通常将具有创新精神、创新思维、创新能力等创新素质的人统称为创新人才。创新人才是创新精神、创新能力和创新人格的集合体。创新人才相对于常规人才而言，主要具有创造性和超越性、进步性和积极性、时代性和阶级性三个基本特征。

1. 创造性和超越性

创新人才具有创新思维能力，创新思维的本质属性是创造性和超越性，这就决定了创新人才具有创造性和超越性的基本特性。创新人才之所以区别于常规人才，就在于他所做的事情是前人和自身没有做过的，或是前人和自身做过但没有成功的。他总是对现存事物或规则有某种突破、变革和超越，能发现一般人未能发现的大自然的奥秘，能发明前所未有的新技术、新工艺，能探索人类未知的各个领域。创新人才的劳动成果或是对世界现实水平的超越，或是对自身生命水平的超越，这种超越和创新就是人的本质属性，是人的本质力量发挥的最高表现。

2. 进步性和积极性

人在历史中的作用不外乎两种：一是推动历史发展，二是阻碍历史前进。创新人才是最新生产力的开拓者，就其本质而言，应该是积极的、进步的，能对社会发展和人类前进起推动作用。"创造"或"创新"是中性的概念，受到个人情感、道德品质的驾驭和支配。社会上有部分人，他们有聪明才智和多种能力，从事的劳动也是所谓"创新"的，但实际上是弄虚作假的伪科学，如"水变油"的谬论、"人造鸡蛋"的"发明"等，其目的是为自己谋取私利，这样的人显然不能被称为创新人才。否认了创新人才的进步性和积极性，也就混淆了创新人才与损人利己者的根本区别，从而否定了创新人才是人群中比较精华和先进部分的本意。

3. 时代性和阶级性

人才是一个历史的范畴，在不同的历史时期和不同的社会形态，各个国家和阶级对人才的要求是各不相同的。所谓"时势造英雄"，每个时代的人才，总是被打上那个时代的印记，是特定历史条件的产物。同时，在有阶级的社会里，创新人才总是为特定的阶层或阶级服务，反映了创新人才所在的那个阶级的特殊利益和要求，尤其在社会意识形态领域，如在政治文明、精神文明的建设和创造过程中，创新人才更是具有强烈的阶级性。正如哈佛大学教授霍华德·加德纳所说："爱因斯坦的伟大成就必须参照 20 世纪当时的物理学水平来评价；同样，甘地处理人与人相互关系的方法（非暴力不合作），也必须参照早期的占领者和本地人之间的相互关系来衡量。"

（二）创新人才的素质特征

素质是人们与生俱来的自然特点和后天获得的一系列稳定的社会特点的有机结合体。创新人才是综合素质较高的人才，是由创新知识、创新精神、创新能力和创新人格四种素质构成的有机统一体。这些素质在创新人才的创新活动中相辅相成，作为整体共同发挥作用，使得创新人才的整体素质体现出四个基本特征。

1. **价值取向的正确性、一致性**

创新人才的本质就是进行创新活动。人类进行任何实践活动，都会基于自己的价值观，表现出或正确、积极的，或错误、倒退的价值立场、价值态度和价值取向。纵观近现代科学发展史，但凡有成就的科学家，其个人价值取向和社会价值取向无一不是健康的、积极的。

首先，就个人的价值取向而言，创新人才必须把创新潜能的开发、创新能力的提高以及由此推进社会的发展进步，作为人生的最高价值目标。创新应该成为个人实现自己人生价值的内在需求，而不是在某种外部利益的驱使下，对创新需求的被动应答。换言之，创新已上升为一种崭新的人生价值观，成为人的真正意义上的"第一需要"，体现了人的最高层次的内在需求——自我实现的需求。

同时，由于人的本质属性是社会性的，因此，任何个人的价值取向都是一种社会价值取向，都要以是否符合社会发展的客观规律，是否促进人类社会的进步作为评价的根本尺度。创新人才在进行创新活动、设定人生价值目标时，必须将自己的理念、行为、结果同社会发展、人类进步有机结合起来，追求个人价值取向与社会价值取向的一致性，不能以个人利益和需要的满足为人生价值。以服务社会为宗旨的创新人才在力求为人类造福的同时，还要避免自己的创新成果成为少数人掠夺财富甚至给人类带来灾难的工具。

2. 知识结构的综合性、开放性

知识经济时代的创新，首先需要充足的知识储备和系统的知识体系的支撑。创新人才的完整、开放的知识体系是产生创新意识、进行创新活动的重要基础，在一定程度上决定着人们创新能力的大小。

创新人才的知识结构首先要具有综合性。现代科学技术整体化、综合化的趋势，使各种相关学科知识综合成一体，构成了纵横交错的知识网络，而且众多边缘学科、交叉学科、横断学科的出现，使得自然科学与人文科学之间的联系越来越紧密，从而导致了研究对象的多学科性和学科的多对象性。另外，创新作为一项复杂的系统工程，仅仅依靠某一领域的专门知识是无法完成的，也不可能达到预想的目的，只有通过多学科知识的交叉、渗透、融合和撞击，创新思维的火花才能迸发出来，形成新的思想和理念，从而为创新活动提供新视角、新思路、新途径和新方法。显然，这层意义上的知识综合对于创新体系的建立和创新工程的实施来说，有着更为重要的意义。

同时，现代科技的迅猛发展和知识数量急剧增多的趋势，要求创新人才的知识结构必须具有开放性，即创新人才必须具备自我调节能力和知识的自我更新能力。一方面，在跟踪现代科学技术发展的过程中，创新人才要不断学习和掌握"新生"的科学文化知识，为我所用；另一方面，要随时淘汰片面的、陈旧的，甚至是错误的知识信息，保持知识结构的动态性和开放性，使自己的知识体系始终处于最佳状态，从而为创新活动的有效开展奠定科学的理论基础。

3. 智能结构的动态性、创造性

从整体来看，创新人才的素质主要包括两个方面的因素：智力因素和非智力因素。前者主要包括观察力、记忆力、思维能力、想象力和操作能力五大要素；后者则主要指创新人才的动机、兴趣、情感、意志等人格因素。智力是人进行创新、创造的最基本、最重要的心理因素，对人的创新能力表现具有至关重要的影响，它是人的认识和行动所能达到的水平。非智力因素则是人具有一定倾向的心理特征的总和，对人的创新能力有很大影响，良好的非智力因素是触发创新思维的心理推动力。人的智力因素和创新人格对于创新人才进行创新活动来说都是必要的，二者缺一不可。

所谓智能结构，就是人的智力因素与诸多能力相互联结、相互依存而形成的一个有机整体。创新人才的智能结构有其动态性和创造性两个基本特性。动态性，是指创新人才作为一个开放、运动的系统，能够不断吸纳各种新知识、新能力，并同时加以优化、整合的能力。创造性，则指创新人才通过综合运用各种学科知识，运用多种研究能力，进行创新思维，发现新问题，解决新问题，突破旧框架的束缚，求异创新的能力。动态性是创造性的前提，创造性是动态性的结果。人只有不断地通过自我调整和自我更新，获取新知识、新能力，才能保持智能结构的优化态势，从而使各种创新成果生生不息。人类整个文明的发展史就是由此而来的。

4. 个性品质的进取性、能动性

个性品质的进取性和竞争性是创新人才不断进步的动力源泉，也是其知识结构、智能结构不断发展和完善的有力杠杆。当今社会，国际科技竞争和经济竞争越来越激烈，这就要求我国创新人才不仅要有勇于创新、敢于创新的优秀品质，更要有顽强拼搏、积极进取的竞争性品质。

同时，创新活动具有实践能动性，这就要求创新人才的个性品质也要具有较强的能动性。首先，创新人才的创新意识或创新意向，只有通过具体的实践活动，通过认识世界和改造世界，才能创造出新形态的事物，取得创新性的劳动成果，不进入实践过程的创新最终只是"纸上谈兵"或"闭门造车"

而已；其次，实践是检验认识正确与否的唯一标准，创新人才的新设想、新理念、新方案是否符合客观事物的发展规律，是否具有客观真理性，也只有通过具体的实践活动才能得到证明；此外，创新人才的创新成果能否促进社会的进步与发展，能否为人类社会谋福利，也只有在创新成果转化的具体实践中得到印证。总之，创新活动的实践能动性的特点，要求创新主体必须具备实践能动性的个性品质，缺乏能动性的创新只能是留存在头脑中的空想或空谈。

三、创新人才是建设创新型国家的需要

党的十九大提出，创新是引领发展的第一动力，是建设现代化经济体系的战略支撑，并对加快建设创新型国家做出战略部署。新形势下的科技创新必须以习近平新时代中国特色社会主义思想为统领，以改革驱动创新，以创新驱动发展，加快进入创新型国家行列的步伐，迈向建设世界科技强国的新征程。而建设创新型国家的决策，是事关社会主义现代化建设全局的重大战略决策。改革开放40多年来，我国大量引进国外先进技术和管理经验，在促进科技和经济快速发展的同时，也使对外技术依存度过高、关键技术和设备大部分依赖进口、缺少自主产权的核心技术、经济发展主要靠投资拉动、资源能源日益短缺等一系列深层次问题和矛盾日益凸显。

建设创新型国家，关键在人才。"培养杰出科学家和科学技术人才群体，是国家科技事业发展的决定性因素……源源不断地培养造就大批高素质的具有蓬勃创新精神的科技人才，直接关系到我国科技事业的前途，直接关系到国家和民族的未来。"杰出科学家和科学技术人才的培养不是一蹴而就的，中小学阶段对学生创新行为的指导和培养，正是造就高素质的具有蓬勃创新精神的科技人才的基础。学生创新行为的发展，也正是"建设创新型国家"决策赋予基础教育的重要任务。基于这样的背景，创新人才成为时代的人才需求范式，而创新人才的培养和教育也成为各级各类学校的目标。

四、培养创新人才是学校的目标

培养创新人才是当今教育的主要目标之一，创新人才的培养要靠创新教育。培养学生的创新意识和创新能力也是我国教育界关注的焦点。学校人才培养的根本目标就是创新人才的培养。不论是初等教育、中等教育、高等教育，还是各级各类学校，都旨在培养创新人才，都是要对学生的创新意识、创新精神、创新思维和创新能力进行全面的开发与训练。

《中共中央 国务院关于深化教育改革，全面推进素质教育的决定》指出：实施素质教育，就是全面贯彻党的教育方针，以提高国民素质为根本宗旨，以培养学生的创新精神和实践能力为重点，造就"有理想、有道德、有文化、有纪律"的、德智体美等全面发展的社会主义事业建设者和接班人。

2010 年发布的《国家中长期教育改革和发展规划纲要（2010—2020年）》提出要创新人才培养模式，改革教育质量评价和人才评价制度。学校就是要为学生创造勇于独立思考、敢于创新的环境。学生作为学校的主体，理应在教育改革中处于重要地位。帮助每一个有不同潜能的学生找到适合他们发展的方向，并鼓励他们为之努力，这是教育的职责，也是建设创新型国家的必要条件。

当然，创新人才的培养不单单是学校的任务。科技、教育和产业的体制和管理模式的创新，包括整个社会观念的转变、政府激励机制与政策的变更、学术道德的监督和知识产权的保护制度的建立与健全、学校教育思想与教育方法的改变、企业与高校的通力合作，乃至创业园的孵化器建设等都对创新人才的培养具有很好的促进作用。

五、时代呼唤创新型教师

创新是人的主体性的突出标志，没有创新型教师，就没有创新教育。基于社会对创新人才的现实需求，创新精神、创新能力、创新意识、创新素养、创新思维、创新技法、创新潜能等，越来越成为教师的素养的重要组成部分。

作为教师，一定要站在建设创新型国家的高度，充分认识到教育教学改革对推动素质教育取得突破性进展所具有的重要意义和关键作用，从而增强教学改革的使命感、责任感和紧迫感，更好地培养自己的创新精神和创新能力。

（一）创新教育呼唤创新型教师

创新型教师这一概念的提出，是现今形势对教师专业发展的要求，也是教师职业本质的诉求。研究表明，学生的主动创新与教师的素质有莫大关联。充满活力的教师容易带出思维活跃的学生，而刻板无趣的教师带出的学生往往也同样缺乏主动的探索意识。在很大程度上，教师是学生仿效的楷模，教师营造的教学氛围和采用的教学手段正是学生创新萌芽生长的土壤。因此，我们首先要考虑的是怎么培养创新型教师，从而促进学生的主动创新。

（二）培养学生的创新精神关键在教师

学生的创新关键在教师，教师的素质对学生创新起着重要的影响作用。创新型教师自然是最受学生欢迎的教师，一个创新型教师一定是了解学生并满腔热情帮助学生的人。21世纪是充满竞争、飞速发展的年代，信息时代的来临对我们以往的教育产生了巨大的冲击。因此，有人大声疾呼，我们当今的教育目标是培养出有创新精神的学生，以实现发展社会、振兴国家的伟业。教师的精神特质会在潜移默化中影响学生，进而造就创新型学生。创新型教师无疑是创新教育的主导力量，是培养人才的主力军。

❀ *行动研修*

教师可以首先对自己的创新能力进行测试。下面采用的是普林斯顿创新能力测验，教师们可以通过该测验了解自己的创新能力水平，并结合本书的学习来提升自己的创新能力。

普林斯顿创新能力测验

美国普林斯顿创造才能研究公司总经理、心理学家尤金·劳德塞根据几年来对善于思考、富有创新能力的科学家、工程师和企业经理的个性品质的研究，设计了下面这套"你的创新能力有多强"的简单的测试。这里有 50 个句子，请在每一句后面用一个字母表示你对这一提法的同意或反对的程度：用 A 表示同意，用 B 表示不清楚，用 C 表示不同意。然后，对选出的答案进行统计（参见表 1），测出自己的创新能力水平。测验者只需 10 分钟左右的时间，就可知道自己是否具有创新能力。当然，如果需要慎重考虑一下，适当延长测验时间也不会影响测试效果。回答应尽量做到准确、坦率。

（1）我不做盲目的事，也就是我总是有的放矢，用正确的步骤来解决每一个具体问题。

（2）我认为，只提出问题而不想获得答案，无疑是浪费时间。

（3）无论什么事情，要我产生兴趣，总比别人困难。

（4）我认为，合乎逻辑的、循序渐进的方法，是解决问题的最好方法。

（5）有时，我在小组里发表的意见，似乎使一些人感到厌烦。

（6）我花费大量时间来考虑别人是怎样看待我的。

（7）做自认为是正确的事情，比力求博得别人的赞同要重要得多。

（8）我不尊重那些做事似乎没有把握的人。

（9）我需要的刺激和兴趣比别人多。

（10）我知道如何在考验面前保持自己的内心镇静。

（11）我能坚持很长一段时间以解决难题。

（12）有时，我对事情过于热心。

（13）在无事可做时，我倒常常想出好主意。

（14）在解决问题时，我常常单凭直觉来判断"正确"或"错误"。

（15）在解决问题时，我分析问题较快，而综合所收集的资料较慢。

（16）有时，我打破常规去做我原来并未想要做的事。

（17）我有收藏癖。

（18）幻想促进了我的许多重要计划的提出。

（19）我喜欢客观而理性的人。

（20）我宁愿当一个实际工作者，而不当探索者。

（21）我能与自己的同事或同行们很好地相处。

（22）我有较高的审美观。

（23）在我的一生中，我一直在追求着名利和地位。

（24）我喜欢坚信自己的结论的人。

（25）灵感与获得成功无关。

（26）争论时，使我感到最高兴的是，原来与我观点不一致的人变成了我的朋友。

（27）我更大的兴趣在于提出新的建议，而不在于设法说服别人接受这些建议。

（28）我乐意独自一人整天深思熟虑。

（29）我往往避免做那种使我感到低下的工作。

（30）在评价资料时，我觉得资料的来源比其内容更为重要。

（31）我不满意那些不确定和不可预计的事。

（32）我喜欢一门心思苦干的人。

（33）一个人的自尊比得到别人的敬慕更为重要。

（34）我觉得那些力求完善的人是不明智的。

（35）我宁愿和大家一起努力工作，而不愿意单独工作。

（36）我喜欢那种对别人产生影响的工作。

（37）在生活中，我经常碰到不能用"正确"或"错误"来加以判断的问题。

（38）对我来说，各得其所、各在其位，是很重要的。

（39）那些使用古怪和不常用的词语的作家，纯粹是为了炫耀自己。

（40）许多人之所以感到苦恼，是因为他们把事情看得太认真了。

（41）即使遭到不幸、挫折和反对，我仍然能够对我的工作保持原来的精神状态和热情。

（42）想入非非的人是不切实际的。

（43）我对"我不知道的事"比"我知道的事"印象更深刻。

（44）我对"这可能是什么"比"这是什么"更感兴趣。

（45）我经常为自己在无意之中说错话而闷闷不乐。

（46）纵使没有回报，我也乐意为新颖的想法花费大量的时间。

（47）我认为"出主意没有什么了不起"这种说法是中肯的。

（48）我不喜欢提出那种显得无知的问题。

（49）一旦任务在肩，即使遇到挫折，我也要坚决完成。

（50）从下面描述人物个性的形容词中，挑选出 10 个你认为最能说明你个性的词：

精神饱满的	有说服力的	实事求是的	高效的	观察力敏锐的
谨慎的	束手束脚的	足智多谋的	虚心的	有主见的
有献身精神的	有独创性的	性急的	自高自大的	坚强的
老练的	有克制力的	热情的	乐意助人的	自信的
不屈不挠的	有远见的	机灵的	时髦的	有组织力的
铁石心肠的	思路清晰的	脾气温顺的	好奇的	拘泥于形式的
不拘礼节的	有理解力的	有朝气的	爱预言的	精干的
讲求实惠的	感觉灵敏的	无畏的	严于律己的	一丝不苟的
谦逊的	复杂的	漫不经心的	严格的	创新的
实干的	泰然自若的	渴求知识的	柔顺的	善良的
孤独的	不满足的	易动感情的	好交际的	

第 50 题中，下列词可各得 2 分：精神饱满的、观察力敏锐的、不屈不挠的、柔顺的、足智多谋的、有主见的、有献身精神的、有独创性的、感觉灵敏的、无畏的、创新的、好奇的、有朝气的、热情的、严于律己的；下列词各得 1 分：自信的、有远见的、不拘礼节的、不满足的、一丝不苟的、虚心的、机灵的、坚强的；其余的词不得分。

表 1　测试评分

题号	1	2	3	4	5	6	7	8	9	10	11	12	13	14	15	16	17	18	19	20
A	0	0	4	−2	2	−1	3	0	3	1	4	3	2	4	−1	2	0	3	0	0
B	1	1	1	0	−1	0	0	1	0	0	1	0	1	0	0	1	1	0	1	1
C	2	2	0	3	0	3	−1	2	−1	3	0	−1	0	−2	2	2	0	2	−1	2	2

题号	21	22	23	24	25	26	27	28	29	30	31	32	33	34	35	36	37	38	39	40
A	0	3	0	−1	0	−1	2	2	0	−2	0	0	3	−1	0	1	2	0	−1	2
B	1	0	1	0	1	0	1	0	1	0	1	1	0	0	1	2	1	1	0	1
C	2	−1	2	2	3	2	0	−1	2	3	2	2	−1	2	2	3	0	2	2	0

题号	41	42	43	44	45	46	47	48	49
A	3	−1	2	2	−1	3	0	0	3
B	1	0	1	1	0	2	1	1	1
C	0	2	0	0	2	0	2	3	0

累计得到的测试总分，可分为 5 个等级：

得 110～140 分，说明有非凡的创新能力；

得 85～109 分，说明有很强的创新能力；

得 56～84 分，说明有较强的创新能力；

得 30～55 分，说明创新能力一般；

得 30 分以下，说明创新能力较弱，有待提高。

被测者可以根据问题判断自己、了解自己并进一步改善和提升自己的创新能力。

第二节　抓好创新活动起点 开启创新活动密码

案例与分析

案例直击

一位语文教师教授《麻雀》一课。教师问："麻雀妈妈是怎么样跟猎狗进行搏斗的？"一位学生冷不丁地说："老师，这只大麻雀不一定是妈妈，也许是爸爸。"教师猝不及防，愣了一下，问："你是根据什么认为它是麻雀爸爸的？""因为书上没有说是麻雀爸爸还是麻雀妈妈，我是猜的。"别的学生受到启发，思维开始活跃起来，有的说是妈妈，有的说是爸爸，争论个不停。后排一个男生不满地嚷道："说不定还是麻雀爷爷呢！"教师一脸茫然，不知如何作答。

案例评析

学生的创新，并不是要求他们拿出成人都没有做出的成果，而只是要求他们自己与自己比，有新的想法，有创新的意识。创新的教师不应压抑学生创新的萌芽。案例中的这位教师对学生的创新思维无以应对，有的教师则认为这是"搅局"，这样都不利于培养学生的创新意识。课堂上学生的质疑和思考，对培养学生科学的思维方式很有利，是激发学生创新意识的重要起点。创新意识是创新活动的起点，想要取得创新成果，创新意识有时比创新思维、创新方法和技巧更为重要，因为创新意识使人们自觉地关注问题和发现问题，并进一步促使其坚持不懈地解决问题。所以，要培养创新型教师，首先要唤醒教师的创新意识，同时不要压抑学生的创新意识。

理论与应用

◎ 理论导航

一、创新意识：创新活动的起点

创新意识是从事创新活动的出发点，很难设想一个没有创新意识的人会去开展创新活动，取得创新成果。创新意识与创新的动机意向和期望有着密切的联系。动机指引起动作或行为的直接原因，动机的产生与人的期望相关。期望是人们希望达到目标或满足需求的心理活动，期望一旦产生，就会形成动机，成为推动人们进行某种活动的强大动力。人们根据社会和个体生活发展的新需要，引起某种创新动机，表现出创新的意向和期望，这种创新意向和期望就是创新意识。

有这样一个耐人寻味的小故事。在烈日炎炎的一个欧洲小镇里，有三个水泥工正在一堵高墙前面汗流浃背地辛勤工作着。有个好奇的路人忍不住问道："你们这是在修什么呀？"第一位水泥工不耐烦地回答道："没看到我们是在砌墙啊。"第二位水泥工吸了一口气，抱怨着说："我们工作一个小时才有20块钱的报酬，太累了！"唯独第三位水泥工眼中闪烁着期待与自豪，仰头看着天空，开心地说道："我们正在修教堂，一座金碧辉煌、受人敬仰的大教堂！"多年以后，第一位和第二位水泥工碌碌无为，依旧过着平庸的日子。但是第三位水泥工则不再是水泥工，而是成了举国闻名的建筑师，得以一展自己的理想和抱负。可见，即使是做同一件事情，从事同一份工作，人的心态不同，就会产生完全不同的结果。从平凡的水泥工到一流的建筑师，可谓华丽的蜕变，而这个华丽的蜕变，就是始于力求有所突破、有所进步的意愿和动机。

可见，创新意识是创新思维的第一步。创新意识一方面是"想创新"，人们具有创新价值观念，对创新已经具备了一定的认识和感知，包含心理、感受、感知、思维和情感等因素，不仅具备了创新动机，也具备了创新意向、创新愿望、创新设想等；另一方面是"要创新"，是指人们开展创新行为的自觉程度，具有创新意识的人总是力争在日常生活中有所行动、有所突破、有所创新。可以说，创新意识这两个方面的含义相辅相成，缺一不可。创新意识非常重要，有了这一步便足以开启创新的思维之路。第二步就是发现问题以确定自己的目标，"最蹩脚的建筑师从一开始就比最灵巧的蜜蜂高明的地方，是他在用蜂蜡建筑蜂房以前，已经在自己的头脑中把它建成了"。人类意识所具有的目的性和计划性使得创新思维一开始就有所指向——总是为了解决某个具体的问题。第三步就是获取知识，围绕目标尽可能地收集相关资料并积累相关知识，做好开启创新思维的知识储备。第四步是在知识储备基础之上不断寻求解决路径，并不断地实践，以形成切实可行的思维方案。

国学大师王国维曾经用三句脍炙人口的宋词刻画了治学的三重境界，用在这里也可谓淋漓尽致。第一重境界是"昨夜西风凋碧树，独上高楼，望尽天涯路"，最初探索时还没有确立有价值的目标，寻寻觅觅之中难免迷茫，无尽的孤独将自己包围着，唯有登高望远方能一缓心中的郁结；第二重境界是"衣带渐宽终不悔，为伊消得人憔悴"，有了明确的创新目标之后便踏上了漫漫征程，披荆斩棘，虽然有说不尽的艰辛、道不明的险阻，但依旧执着于心中所思所想；第三重境界也是最高境界，"众里寻他千百度，蓦然回首，那人却在，灯火阑珊处"，坚持不懈的努力终于换来了瞬间的顿悟，一切都豁然开朗，苦苦寻求的答案早已是囊中之物。

创新意识是创新活动的起点，只有把握好创新活动的起点，掌握创新意识的内涵、特征及构成，明确创新意识的意义和作用，才能成功开启创新活动密码。

二、创新意识的内涵和特征

（一）创新意识的内涵

著名教育家陶行知先生说过："处处是创造之地，天天是创造之时，人人是创造之人。"能不能发挥创新潜力，进行创造性劳动，很重要的一个方面，就在于创新意识的强弱了。所以，要使自己成长为创新人才，首先就要从培养创新意识着手。

创新意识是人们根据社会和个体生活发展的需要，引起创造前所未有的事物或观念的动机，并在创新活动中表现出的意向、愿望和设想，是人们进行创新活动的出发点和内在动力，是人们在创新认识基础上形成的对创新的高度敏感性和自觉、自发进行创新活动的一种心理准备状态，是形成创新思维和创新能力的前提与基础。

（二）创新意识的特征

创新意识以富于批判性，具有敢于标新立异、独树一帜的精神和追求为主要表现。只有具备强烈的创新意识，才能敢想前人没想过的事，敢创前人不曾创成的业。

创新意识具有以下几个特征。（1）新颖性。创新意识或是为了满足新的社会需求，或是用新的方式更好地满足原来的社会需求；创新意识是求新意识。（2）社会历史性。创新意识是以提高物质生活和精神生活水平需要为出发点的，而这种需要很大程度上受具体的社会历史条件制约，在阶级社会里，创新意识受阶级性和道德观影响、制约。人们的创新意识激起的创新活动和产生的创新成果，应为人类进步和社会发展服务；创新意识必须考虑社会效果。（3）个体差异性。人们的创新意识和他们的社会地位、文化素质、兴趣爱好、情感志趣等相适应，它们对创新起重大推进作用。而这些方面，每个人都会有所不同，因此对于创新意识既要考察社会背景，又要考察其文化素养和志趣动机。

三、创新意识的构成与意义

（一）创新意识的构成

创新意识包括创新动机、创新兴趣、创新情感和创新意志。

创新动机是创新活动的动力因素，它能推动和激励人们发动和维持创新活动。创新兴趣能促进创新活动的成功，是促使人们积极探求新奇事物的一种心理倾向。创新情感是引起、推进乃至完成创新的心理因素，只有具有正确的创新情感才能使创新成功。创新意志是在创新中克服困难、冲破阻碍的心理因素，创新意志具有目的性、顽强性和自制性。

创新意识是引起创新思维的前提和条件，创新意识是创新人才所必须具备的。创新意识的培养和开发是培养创新人才的基础，只有注意从小培养创新意识，才能成长为创新人才。

（二）创新意识的意义和作用

（1）创新意识是决定一个国家、民族创新能力最直接的精神力量。在今天，创新能力实际就是国家、民族发展能力的代名词，是一个国家和民族解决自身生存、发展问题能力大小的最客观和最重要的标志。

（2）创新意识促成社会多种因素的变化，推动社会的全面进步。创新意识根源于社会生产方式，它的形成和发展必然进一步推动社会生产方式的进步，从而带动经济的飞速发展，促进上层建筑的进步。创新意识进一步推动人的思想解放，有利于人们形成开拓意识、领先意识等先进观念。创新意识会促进社会政治向更加民主、宽容的方向发展，这是创新发展需要的基本社会条件。这些条件反过来又促进创新意识的扩展，更有利于创新活动的进行。

（3）创新意识能促成人才素质结构的变化，提升人的本质力量。创新实质上确定了一种新的人才标准，它代表着人才素质变化的性质和方向，它输出着一种重要的信息：社会需要充满生机和活力的人、有开拓精神的人、有新思想道德素质和现代科学文化素质的人。它客观上引导人们朝这个目标提高自己的素质，使人的本质力量在更高的层次上得以确证。它激发人的主体性、能动性、创造性的进一步发挥，从而使人自身的内涵获得极大丰富和扩展。

❀ 行动研修

创新的范围很广，种类很多，包括了万事万物、方方面面。天上飞的，地上跑的；吃穿用度……除了大自然赋予的，其他则全是人类长期创新的结果。人类的智慧、勤劳以及持之以恒、世代相传的不断创新，才把人类从一个原始的充满了荒芜凄凉、杂乱无章、使人满目萧然的混沌世界带到了如今这个五彩缤纷、车水马龙、令人眼花缭乱的繁华世界中来。

没有创新就没有人类自身，没有创新就没有人类美好的今天。愿更多的教师提高您的创新意识，义无反顾地投入到这场轰轰烈烈的创新活动中来。那么，创新对于教师来说有什么重要意义呢？

一、创新是人类负有的使命，也是教师的使命

创新是人的天性。这也是人类与其他动物的重要区别。动物依靠它们的本能在大自然中生存和生活，而人类不仅依靠自己先天的本能，还要依靠自己后天形成的技能与大自然进行抗争。这后天技能的形成，就是不断创新的结果。人类在漫长的历史长河中首先学会了制造工具，这是具有重大意义的创新。生产工具的发明推动了社会生产力的快速发展，生产力的发展又推动了科学技术的进步，科学技术的进步又带动了经济的快速增长，而经济的增长又提出了对人类文化教育的要求，于是就出现了文化，出现了教育，出现了社会文明。

教师身负培养学生的使命，要明白在这个知识更新、教学理念更新的时代，唯有创新型教师才能培养出真正符合时代发展和时代需求的创新人才。培养创新人才，成为教师的神圣使命。

二、创新是人类生存的要求，也是教师发展的需求

创新是人类生存的要求。人类社会与自然界一样，到处充满弱肉强食、适者生存的现象。无论是国家、团体还是个人，都希望自己能够生存，能够成长，能够强盛，那么，唯一的出路是要不断创新。

教师要生存，要发展，就要不断提升自己的能力和水平。在信息大爆炸的时代，创新成为教师的价值取向和理想追求。教师处于努力拼搏、积极进取的高速成长期，更应斗志昂扬、精神焕发、勇敢创新，为自己的未来创造一个大好局面。

三、创新使人把握成功的机遇，也使教师在职业生涯中脱颖而出

创新活动是一个人事业进步、走向成功的决定性因素。无论你从事何种职业，无论你处于何种环境，只要能够充分发挥个人的聪明才智，锲而不舍地去创新理论或方法，创新技术或产品，创新理念或策略，创新体制或制度……你就一定会被社会和他人所承认，就一定能够走向成功。总之，一句话：创新是成功的必由之路，创新使你有成功的机遇。

创新的价值追求也使教师立于教育教学的不败之地。创新型教师更富竞争力，更富有活力，更充满热情，更充满激情，更容易打造生命化、灵动的教育教学活动。创新使教师在职业生涯中脱颖而出。

四、创新使教师不断成长，使未来充满希望

人的思想不是与生俱来、先天形成的，而是后天才有的。人在出生以后，经过不断观察、模仿、学习、思考、实践等一系列过程，才逐步形成了较为

成熟的思想。在这一过程中，接受创新教育，强化创新意识，激励创新精神，焕发创新热情，培养创新思维，提高创新能力等，对一个人的成长特别重要。要敢于创新、大胆锻炼，在创新中得到成长。

创新也使教师不断成长。教师成长＝经验＋反思，创新型教师会更大限度地总结自己的教学经验，凝练更为深刻的教学反思，会对自己职业发展有更为自觉的发展需求。他们会不断进行教学反思，不断通过提升自身水平来促进自身的成长和进步。因此，创新使教师对自己的职业发展前景和职业未来充满希望。

第二章

教师创新人格养成

第一节 打造创新人格 养成创新精神

案例与分析

案例直击

马云和阿里巴巴的成功之道众所周知，但对马云来说，教师一直是他最看重的身份。他曾多次在公开场合谈道，"这一辈子不会拿掉的烙印，就是当老师""能够成为老师是我最大的荣幸""最大的遗憾就是只当了6年老师"。马云当教师时间虽不长，干得却不赖，他曾获得过杭州电子工业学院（现杭州电子科技大学）"首届优秀青年骨干老师"称号。

初为人师，马云的外表并没有给人带来太高的期望值，直到他张嘴说话，学生们才感到被一种强烈的反差击中。尤其是讲英语，那个音量、底气，和我们从外表看到的是完全不一样的。在讲课风格上，马云也特立独行。当时多数教师讲课的方式还是照本宣科，但马云讲起课来却天马行空。除了课本上的知识，他还会在课上讲国外的文化、风俗，讲他自己对人生和社会的理解。据学生回忆，马云就像一团火，每次走进教室，很快就把教室"点得热乎乎的"。有时讲到兴起，他还会一屁股坐到讲台上，"特高兴地跟我们扯""不知不觉很快就打下课铃了"。

种种迹象表明，这段教坛岁月是马云最个性洋溢的时期之一，日后成为他风格标签的"迷之自信和乐观"也很有可能形成于这一阶段。在当年的教学视频中，年轻的马云梳着分头，得意地竖起大拇指"表扬"自己："我还是比较适合教书的，我教书教得很好，真的很棒！我觉得自己可能教书教得炉火纯青！"

马云用自己的经历激励着年轻人，"他生命中最大的热情之一，是'相信未来，相信年轻人'"。尽管马云已经拥有诸多成就，但他从未失去过对教学、鼓舞年轻人或年轻企业家的热情，这也成为"马云是谁"的重要组成部分——在他创造的所有商业奇迹背后，马云始终是一名教师，是"世界上最鼓舞人心、最成功的老师之一"。

案例评析

人格是决定创新能力的重要因素。教师的性格类型、人格特质会影响教师的教学风格、教学效果、教师与学生的人际关系，以及学生的学业成就。马云的教育经历和其商业成功的事例证明，他既是优秀的教师，又是极具创新人格的教师。马云的性格特质是有个性、自信、乐观、热情、充满希望、特立独行、天马行空，这些性格特质也造就了他的创新人格。每一位教师都有自己的性格特质，要善于总结自己的性格，依循自己的性格特征，探索自己的性格密码，找出符合自身特质的创新人格的发展方向。

理论与应用

理论导航

一、创新人格概述

创新人格是世界观、方法论和毅力等众多非智力因素的有机结合，往往表现为责任感、使命感、事业心、执着的爱、顽强的意志、毅力、能经受挫折和失败的良好心态等。创新人格是创新人才培养的根基。

（一）人格的概念及特征

人格一词有多义，有时与品格或道德品质同义，一般人在常识上所了解的人格一词即指品格，其所云人格高尚或人格卑下，即指品格之高尚或卑下。在心理学上，人格指个人之特质（性格、特征、态度或习惯的有机结合），人格之研究在教育心理学上与教育学上尤其重要。人格的特征主要有五个，分别是人格的独特性、整体性、功能性、稳定性、可塑性。

（1）独特性。一个人的人格是在遗传、环境、教育等因素的交互作用下形成的。不同的遗传因素、生存及教育环境，形成了每个人独特的人格特点。人与人没有完全一样的人格特点，所谓"人心不同，各有其面"，说的就是人格的独特性。但是，人格的独特性并不意味着人与人之间的个性毫无相同之处。在人格形成与发展的过程中，既有生物因素的制约作用，也有社会因素的作用。人格作为一个人的整体特质，既包括每个人与其他人不同的心理特点，也包括人与人之间在心理、面貌上相同的方面，如每个民族、阶级和集团的人都有其共同的心理特点。人格是共同性与差别性的统一，是生物性与社会性的统一。

（2）整体性。人格是由多种成分构成的一个有机整体，具有内在统一的一致性，受自我意识的调控。人格整体性是心理健康的重要指标。当一个人的人格结构在各方面彼此和谐统一时，他的人格就是健康的；否则，他可能会出现适应困难，甚至出现人格分裂。

（3）功能性。人格支撑着人的行为，决定一个人的生活方式，甚至决定一个人的命运，因而是人生成败的根源之一。当面对挫折与失败时，坚强者能发奋拼搏，懦弱者会一蹶不振，这就是人格功能的表现。

（4）稳定性。人格是由多种性格特征所组成的，其结构是相对稳定的。人格的这种稳定性是可以表现在不同的时间和地域上的。个体在行为中偶然表现出来的心理倾向和心理特征并不能代表他的人格。俗话说，"江山易改，本性难移"，这里的"本性"就是指人格。

（5）可塑性。强调人格的稳定性并不意味着它在人的一生中是一成不变的，随着生理的成熟和环境的变化，人格也有可能产生或多或少的变化，这是人格可塑性的一面。正因为人格具有可塑性，才能培养和发展人格。人格是稳定性与可塑性的统一。

人格是伴随着人的一生不断成长的心理品质。人格的成熟意味着个体心理的成熟，人格的魅力展示着个体心灵的完善。人格是一个丰富而复杂的心理成分，它凝聚着文化、社会、家庭、教育与先天遗传的个体风貌。"人有千面，各有不同。"人格有着鲜明的个性特征，人格的差异铸就了个体千差万别、千姿百态的心理面貌。

（二）创造性与个性品质的关系

美国著名心理学家推孟曾对大批智力超常的儿童进行了长达30年的追踪研究，结果表明，创新成就大的多为自信、有进取心和不屈不挠的人；而成就小的人多半缺少这种品质。一般说来，那些有才能且在其领域里已有成就的人通常都具有诸如自信、自重与胸襟开阔等特征，这与人们对他们的期望是一致的。有创造性的人倾向于：有主见，有洞察力，好独立判断，善于吸取经验教训，言语流利，兴趣广泛。他们对理论观念与符号转换的兴趣大于对实际具体事物的兴趣。可见，人的个性心理，如兴趣、理想、信念、意志、性格等，与创造性有非常密切的关系。高创新能力的人具有一些有利于其创新能力发展和创造性地完成任务的人格特点，这些特点就构成了创新人格。培养创新能力，必须同时注重良好个性、人格的塑造与完善。

（三）创新人格

创新人格也称为创造性人格，是指主体在后天学习活动中逐步养成，在创新活动中表现和发展起来，对促进人的成才和促进创新成果的产生起导向和决定作用的优良的理想、信念、道德、意志、情感、情绪等非智力素质的总和。创新人格是一种积极的人格、健康的人格，创新人格也具有独特性、整体性、功能性、稳定性、可塑性五个特征。

对于具有创新人格的人，创新已成为他们的一种特质，创新将成为他们的积极的自觉行动。因此，创新人格是一个人能够长期持久地、坚忍不拔地从事创造性工作的内在动力。具有创新人格的人，通常具有远大的理想、坚定的信念、高尚的道德、坚强的意志、丰富的情感、稳定的情绪、献身的精神。

（四）创新人格的特点

美国心理学家吉尔福特（Guilford）在研究认知特性时，发现发散思维中的流畅性、独特性、变通性与创新行为有高相关，也发现认知因素与非认知因素之间有高相关，从而概括出具有创新人格的人的八个特点：（1）有高度的自觉性和独立性；（2）有旺盛的求知欲；（3）有强烈的好奇心，对事物的运动有深究的动机；（4）知识面广，善于观察；（5）工作中讲求条理性、准确性、严格性；（6）有丰富的想象力、敏锐的直觉，喜好抽象思维，对智力活动与游戏有广泛兴趣；（7）富有幽默感，有文艺天赋；（8）意志品质出众，能排除外界的干扰，长时间地专注于某个感兴趣的问题中。

著名心理学家克尼洛（Kneller）的研究是在对已有关于创新人格的元分析基础上提出的，他认为创新人格特征包括 12 个项目：（1）智力属中上等；（2）观察力；（3）流畅性；（4）变通性；（5）独创性；（6）精致性；（7）怀疑；（8）持久性；（9）智力的游戏性；（10）幽默感；（11）独立性；（12）自信心。

美国心理学家韦克斯勒（Wechsler）曾收集了众多诺贝尔奖获得者在青少年时代的智商资料，结果发现，这些诺贝尔奖获得者大多数不具有高智商，而是具有中等或中上等智商。

美国心理学家斯滕伯格（Sternberg）提出创新能力的三维模型理论，第三维是人格特征，由七个因素组成：（1）对含糊的容忍；（2）愿意克服障碍；（3）愿意让自己的观点不断地发展；（4）活动受内在动机的驱动；（5）有适度的冒险精神；（6）期望被别人认可；（7）愿意为争取再次被认可而努力。

二、创新精神

创新精神是指创新行为主体在进行创新时，形成新知识、创造新方法和构建新理论所表现出来的意识、思维活动和自觉的心理特征。创新精神属于思想的范畴，集中体现了对创新行为具有导向和调节作用的智力因素和非智力因素的优化组合。一个人的创新精神主要表现为敢于打破常规的首创精神，勇于接受挑战的进取精神，不迷信书本和权威的自信精神，敢为人先的探索精神，不怕失败、百折不挠的奋斗精神以及严谨务实的求是精神。创新精神属于信念层面，是极其可贵的，它是我们能够不断披荆斩棘、乘风破浪的内在支撑和潜在动力。"只有具有创新精神，我们才能在未来的发展中不断开辟新的天地。"创新精神是进行创新活动所必需的心理特征，主要包括以下几个方面。

（一）敢于质疑、科学批判的精神

创新是对现存事物的否定和超越，以科学批判为基础的质疑精神，是进行创新的必要前提。科学发展史证明，创新始于问题，质疑引出问题，没有对旧理论、旧工艺、旧制度的怀疑，就不会有新理论、新工艺、新制度的产生。质疑和批判精神不仅要求主体敢于对现存的知识体系提出质疑、对权威提出质疑，而且要求个体敢于对自我进行诘问。质疑意识和批判精神只要不被滥用，便会成为一个人保持清醒、避免盲从、自觉地认识世界、自主地进行创新的最好思想锐器。一个缺乏质疑意识的人，只会一味地盲目崇拜权威，人云亦云，最终会一事无成。在科学发展史上，由于受权威定式束缚而错过重大发现的事例不胜枚举。

（二）勇于探索、不断开拓的精神

创新，其本质就是推陈出新或开拓创新。具有创新精神的人从不满足已知，乐于探索未知，把发现、创新看作自己神圣的天职。他们立志揭开大自然的奥秘，或努力钻研社会现象的本质，在探索事物真相方面，有很强的"内驱力"。具有创新精神的人绝不守旧，他们执着于与时俱进、开拓创新，力求为社会提供更多的新产品、新观念和新办法。

勇于探索与开拓，就要敢于冲破传统观念的束缚，向旧观念、旧思想、旧工艺挑战，就要有胆识和勇气，破除迷信，大胆创新。试想，如果哥白尼迷信"地心说"，就不会重新探索宇宙的奥秘，也就不会提出"太阳中心说"；如果李四光不对"中国贫油论"产生怀疑，就不会指引我国发现大庆、胜利等大油田，我国也就不会摘掉"中国贫油"的帽子。这些都是创新人才勇于探索、不断开拓的表现。

（三）奋力拼搏、无私奉献的精神

创新精神是一种奋斗精神，它需要以创新主体的奋力拼搏作为支点。创新灵感的出现、科学奥秘的解答，都是对艰苦劳动的奖赏。为了某一问题的研究，科学家有时需要付出毕生的精力，甚至经历几代人的艰苦奋斗。没有奋力拼搏的精神，就不会有创新成功的希望。

创新精神的深厚根基是献身事业。创新实践活动，需要创新主体具有无私奉献的精神，要求创新者具备献身事业的优秀品格。生理学家巴甫洛夫说："科学需要你的整个生命。纵使你有两条生命贡献出来，还会不够。"心理学家安娜·罗研究了 23 位杰出的生物学家之后指出："在所有这些人的历史当中，一个突出的特点就是他们都具有献身于自己事业的那种持久而强烈的精神。"爱迪生为了发明电灯，先后试验了 7600 多种材料，失败了 8000 多次；诺贝尔为了发明炸药，在 4 年时间里进行了 400 次试验，发生了好几次惊险的爆炸事件；我国古代大医药学家李时珍，耗尽毕生精力，足迹遍及大江南北，历经 30 年的努力，才终于完成医学著作《本草纲目》……这些献身事业的先贤，均在人类的创造史中，做出了卓越的贡献。正是由于他们的无私奉献和艰苦奋斗，人类才有了今天这样灿烂的文明。

（四）甘于冒险、大无畏的精神

创新活动，特别是重大的发明创造活动，是破旧立新的过程。要破除旧理论，就可能遭到维护旧理论的势力的打击；要创立新事物，就要探索未知的领域，就可能遇到各种意外的风险和失败。这就要求创新者要有勇气面对一切困难，必须具有敢于冒险、不怕牺牲的大无畏精神。

为了探索真理而不怕风险、勇于献身的精神，是创新动机中最崇高、最伟大、最纯正的。为了创新而敢于冒险的事例不胜枚举。被誉为"解剖学之父"的比利时医生维萨里，冒着被警方逮捕、杀头的危险，多次偷尸解剖，仔细研究人体的各部分构造，终于写成了《人体的构造》一书，成为世界上第一个正确描写人体结构的专家；科学家富兰克林，不畏宗教势力的淫威，不怕触电身亡，在雷电交加的情况下，利用风筝等做了一次震惊世界的接引"天电"的实验，从而解开了被涂抹上迷信色彩的雷电之谜。他们之所以这样做，就是受寻找科学真理的动机所驱使。

（五）取长补短、团结协作的精神

由杰出物理学家尼尔斯·玻尔领导的哥本哈根理论物理研究所，注重招收来自世界各国学术传统不同的年轻科学家，并大力倡导和实践各国成员之间的交流互补、团结合作的。这个研究所创造了世界科学史上一个惊人的奇观：在1920—1930年10年中，来自17个国家的60多名学者云集该所，其中有十多位学者曾获得诺贝尔奖。由此，科学界把这种交流互补、团结合作的精神称颂为哥本哈根精神。

在科学技术发展日新月异的今天，科学研究比以往任何时候都更需要团结协作的哥本哈根精神。一方面，科学创造不断地向深度和广度延伸，专业分工越来越细，内容也越来越丰富和复杂；另一方面，专业之间的交叉和渗透越来越多，综合程度也越来越高，许多研究项目，比如原子能开发利用、大型加速器、人造卫星、航天飞机等的研究已不是一个人、一个研究室甚至一个企业所能胜任的了。因此，现代科学的发展，越来越需要依靠群体的力量和集体的智慧，友爱合作的精神已成为个人成才和获得创新成果的最重要的创新精神之一。

❀ 行动研修

一、教师的创新人格和创新精神的培育途径

创新人格的完善和创新精神的养成，可以通过以下四种途径来完成。

（一）历史的影响和榜样的熏陶

教师创新人格的完善是一个渐进的累积过程。而榜样的熏陶是极为重要的，尤其是科学家、伟大人物、历史名人的创新人格对教师的影响是巨大的，教师要了解人类的科技史和发明史。翻开人类的科学发展史和技术发明史，凡是对历史做出卓越贡献的人，都富有创新精神。这是一种无视失败、不惧世俗、勇于创新、敢于创新的精神，它既展现为一种意气风发的精神面貌，也表现为一种生机勃勃的精神活力，更能化身为一种破土而出的精神力量。创新精神追求独特、新颖，但前提是遵守科学规律和社会需求；创新精神青睐质疑，偏好批判，却是以事实为根据，以科学为准绳；创新精神虽然提倡独立思考，但并不是闭门造车、孤芳自赏，而是反对人云亦云；创新精神虽然不惧失败，却并不是莽撞、懵懂，而是深信失败乃成功之母；创新精神虽然不迷信书本，也不盲从权威，但并不是就此把他人的经验和成就拒之门外，而是海纳百川，有容乃大。

（二）认知教育与实践

创新人格既然是在具有社会意义的个性特征和品质的系统中繁衍出的一种人格类型，那么它的形成就与个体社会化的成熟密不可分，而在个体社会化的过程中，认知教育又是一个基础。教师要对于自己职业的创造性有较高的认识和体悟，加强学习，改善自己的知识结构，在学习和积累以及教育教学的实践中，养成自己的创新人格，促进自己的创新意识的觉醒，逐步提高自身的创新能力，加强创新思维的养成和训练，积累创造性的教育教学智慧等。

（三）教师间的人际互动

教师间的人际互动是创新人格形成的一条重要的途径。每个个体都会有自己的个性品质和创新人格的不同体现，教师也是如此，而且教师的创新人格和品质会更为突出，可以加强教师间的人际交往和互动，促进教师间的相互学习。无论是在平时的社会交往中，还是在教研活动中，教师都要提升学习能力，敏锐地捕捉到其他教师的优点，尤其是一些创新教育教学理念、手段和方法等，善于学习，善于捕捉，善于总结，从而促进自身创新人格的形成和完善。

（四）自我意识与自我教育

要想形成创新人格，教师自我反省与主动修炼也是不可或缺的。自我意识是自我教育的基础，因此，教师要进行正确的自我分析，获得清晰而客观的自我知觉，进而进行行之有效的自我教育。同时，自我教育的能力，既是形成创新人格的内在途径，也是教师创新人格的重要标志。因此，教师创新人格的完善，从根本上讲还要归结到教师的自我完善。

二、培养和完善教师的创新人格

创新人格是科学的世界观、正确的方法论和坚忍不拔的毅力等众多非智力因素的有机结合，是创新人才表现出的整体精神面貌。没有创新人格，人的创新潜能很难充分发挥。因此，培养创新人才，不能只注重知识、能力，还要注重创新人格的养成。培养教师的创新人格，应从以下几个方面入手。

（一）培养教师服务社会的创新责任感

崇尚科学、热爱真理、追求进步的品质是创新的根本动力，是创新人格的核心要素，是创新人才成长的动力、目标与价值导向。学校要教育、引导教师把服务于民族的进步、国家的发展，服务于人类社会的整体利益作为创新活动的出发点和根本归宿。只有这样，才能最大限度地挖掘学生的创新潜能，最大限度地激发教师追求真理、献身科学的持久热情。

（二）培养教师关注前沿的学术品格

学习与研究要站在科学的前沿，体验实践的呼唤，感知时代的脉搏，在丰富多彩的社会实践中发现问题，寻找有价值、有意义的课题与项目。这就需要我们努力培养有问题意识和综合素质的教师。有问题意识就是善于发现问题和提出问题；有综合素质是指既有科学精神，又有人文素养，能够从科学与人文两个角度观察问题、解决问题。

（三）培养教师坚忍不拔的创新毅力

广泛的兴趣和强烈的求知欲、坚忍不拔的毅力和信心对于创新人才的成长具有重要意义。一些人的成功往往不是因为他们有高于常人的天分，而是因为他们具有坚强的意志品质，具有明确的目的性、果断性、自制力、独立性。创新是一种探索，面临失败的可能性很大，这就要求教师具备不怕挫折、不惧失败的心理承受能力，即使在最困难的时候也能够坚持探索。

（四）培养教师敢为人先的创新勇气

缺乏独立思考，只知道人云亦云，就不可能见他人之所未见。缺乏"敢为天下先"的勇气，不敢超越常规，不敢坚持自己的独特见解，就不可能发他人之所未发。要创新，就必须不唯上，不唯书，不唯权威，不唯潮流。学校在培养创新人才的过程中，要注重培养教师独立思考的能力，鼓励教师对现有知识进行科学的怀疑和理性的批判，并勇于提出自己的见解。

（五）培养教师善于合作的创新禀赋

随着时代的进步和科技的发展，知识量在成倍地增加，一个人不可能知晓一切。只有正确处理继承与创新的关系，善于学习，积极吸纳今人、前人、国人、洋人以及不同学派、流派的知识成果，在实践中善于同他人团结协作，才能避免个人知识和能力的不足所造成的局限性。兼收并蓄，集思广益，才能有所突破，有所创新。

第二节 探索自我兴趣 激发创新动机

案例与分析

🔵 案例直击

陶行知先生曾写下诗篇《糊涂的先生》，他写道：

"你的教鞭下有瓦特。

你的冷眼里有牛顿。

你的讥笑中有爱迪生。

你别忙着把他们赶跑。

你可要等到：

坐火轮，

点电灯，

学微积分，

才认他们是你当年的小学生？"

这里还有他的一则轶事。

有一次，一位夫人拜访陶行知，无意中说起孩子把一块新买的金表拆坏了，她非常生气，狠狠地揍了孩子一顿。陶行知听了，连连摇头说："哎呀，你打掉了一个'爱迪生'。"

之后，陶先生亲临其家，和蔼地问小孩拆表的原因，又带他到修表店去看师傅修表。小孩站在修表师傅身边，睁大眼睛，认真地看着他把表拆开，把零件一个个浸在溶液里，又看着他把零件一个个装起来，再给机器加上油。

事后，陶行知深有感触地说："钟表店是学校，修表师傅是老师，一元六角钱是学费，在钟表店看一个多小时是上课，自己拆了装、装了拆是实践。做父母的与其让孩子挨打，还不如付出一点儿学费，花一点儿工夫，培养孩子好问、好动手的兴趣。这样，'爱迪生'才不会被打跑。"

✿ 案例评析

"兴趣是最好的老师"，是推动能力发展的重要原动力。陶行知是我国较早提出创新教育的教育家，他所写的《糊涂的先生》也是规劝教师要做创新教师，要以生为本，培养有创新能力的学生。案例里面修表的故事，指出了创新兴趣的重要性。创新兴趣是促使人们积极探求新奇事物的心理倾向。教师要想提升自己的创新能力，就要注意探寻自己的兴趣密码，了解自己的兴趣所在以及特长和优点。在结合自己的兴趣爱好的基础之上，激发自己的创新动机，产生创新热情，形成良好的创新习惯。

理论与应用

◎ 理论导航

一、兴趣与创新活动

（一）兴趣

对于创新潜力开发来说，兴趣可以说是"成功的胚胎"。所谓兴趣，是指人们力求接触、认识某种事物，研究某种现象的心理特征。兴趣可促使一个人尽力去发现和思索问题，从而创造性地解决问题。兴趣还可以把一些在别人看来很艰苦的工作变得很愉快。著名物理学家丁肇中教授经常在实验室里连续几天几夜地进行工作，有人问他苦不苦时，他答道："一点儿也不苦。正相反，我觉得很快活，因为我有兴趣，我急于要探索物质世界的秘密。"

一般说来，兴趣是人人都有的，但各个人兴趣的对象差异却很大，即使是同一个人，随着时间和地点的变化，其兴趣也是变化的。因此，对于开发创新潜力来说，首先应该培养广泛的兴趣，在此基础上及时确定某一中心兴趣（或称专一兴趣），并有意识地在理性指导下把专一兴趣上升到理性的高度，上升到追求的高度，这样，兴趣才会对开发创新潜力具有真正的促进作用。

广泛兴趣是可以培养的，专一兴趣是需要认真选择的。但是，兴趣如果不上升到一定的高度，老是停留在"感兴趣"的低级阶段，那么它对于创新、成功所起的作用就不会很大。非专一兴趣、未上升到理性高度的兴趣是不稳定的，久而久之，特别广泛而不稳定的兴趣反而使人显得朝三暮四、难以成功。

（二）兴趣：创新活动的催化剂

兴趣是人积极探究某种事物的认识倾向，它使人对某种事物给予优先的注意，并对其向往。大凡有创新成就的成功者，他对创新活动本身或者对创新活动的结果，都有浓厚的兴趣。兴趣使得个性积极化，它是构成个体动机的成分之一。它可以提高我们的认知速度和水平，以获得渊博的知识；可以激发我们积极的情感，保持良好的心境；可以增强我们克服困难的勇气，形成良好的意志品质。良好的兴趣又使得我们对未来的活动做好充分的准备，既对正在进行的活动起促进作用，又能对活动的后果起总结和检查作用。

兴趣不是与生俱来的，而是在一定历史条件下，在实践过程中形成发展起来的。主体会被哪些客体所吸引？对客体的不同态度主要依赖个人的经验和所受的教育，同时又依赖反映个人生活和经历的精神。兴趣在个体之间存在差异，注意到这些差异，对我们有效地开展创新活动具有积极意义。它主要表现为下述几方面。

（1）指向性。个体之间兴趣的指向对象有着差别。由于个体实践活动的范围不同和个性差异，人的兴趣指向的对象也不相同，兴趣的指向性在一定程度上反映了个人的需求、知识水平、理想和世界观。个体将兴趣指向某一方面就会促使主体对这一方面做出热烈的追求，取得高水平的创新成果。

（2）广博性，即兴趣指向的客观事物范围的大小。一些人的兴趣十分广泛，几乎对任何事物都感兴趣；相反，另一些人兴趣十分窄小，仅仅限于小范围的事物。高质量的思维活动，必然伴之以广博的兴趣，因为广博的兴趣可以扩大信息来源，打开智慧的门户，而兴趣狭窄只能使思路狭窄和呆板。古希腊学者亚里士多德兴趣广泛，在许多领域都做出了杰出的贡献，他研究的范围涉及了哲学、政治学、美学、教育学、逻辑学、生物学、生理学、医学、天文学、化学、物理学等众多学科。他勤于著述，论著之浩，内容之广泛，前无古人，后无来者。恩格斯称他是最博学的人。

我国东汉时期的张衡，在天文学上有突出的贡献，创制了"浑天仪"。在地学方面，他发明了世界上第一台测验地震的仪器——候风地动仪。他还创制过一种机械日历，制造过指南车、计里鼓车，以及能飞行的木鸟等奇妙器械。在数学上，他曾计算得圆周率在 3.1466 和 3.1622 之间。他还擅长文学，留下了脍炙人口的《二京赋》《归田赋》《四愁诗》等优秀篇章。他还善绘画，被列为东汉六大名画家之一。1956 年，张衡的家乡重修了他的陵墓和读书台，郭沫若在墓碑上题词："如此全面发展之人物，在世界史中亦所罕见。"

诚然，今天，科学发展一日千里，学科不断分化，又不断综合，知识飞速增长，一个人要成为全才几乎是不可能的。但是使自己的兴趣较为广泛，尽可能地扩充知识，扩大知识面，做到一专多能，或者多专多能，不仅是必需的，而且是可能的。可以这么说，在知识经济时代，唯有一专多能者能很好地生存和发展。

（3）中心性。兴趣的中心所在因人而异，同时，不同个体在广博兴趣的基础上形成的兴趣中心化程度也是有区别的。有些人虽有广博兴趣，但只是浮光掠影，博而不专；有些人却能既博又专，有良好的中心兴趣。良好的中心兴趣与创新思维的展开是有密切联系的。中心兴趣可以使人在某一方面获得知识，在某一个领域有特殊的才能，从而在某一个方向上容易取得突破，有所创新。培养良好的兴趣应该注意既博又专。

（4）稳定性。对于不同的个体来说，兴趣维持时间长短是不一的。有些人朝三暮四，见异思迁；有些人的兴趣经久不变，持续发展。稳定持续的兴趣能促使注意力长期集中地指向某类事物，保持思维活动的稳定性；而兴趣的变化无常、游移弥散，必定不利于主体创新活动的进行。许多科学家把科学探索作为终生的兴趣。达尔文说：我的一生的主要兴趣和唯一职务就是科学工作。凡是在某个领域有所成就的科学家，都是对那个研究课题具有稳定、专一而持久的兴趣的。个体的兴趣稳定，可以促使主体将注意力和热情指向某个研究领域。只有将注意力持久地指向某一类事物，才能经久积累资料，深刻总结经验、探寻规律，有所突破。

法国昆虫学家法布尔的终生兴趣就是对昆虫的研究。他从小就对昆虫痴迷。一次，他在屋檐下仰着头，一站就是三四个小时，害得他爷爷以为他走火入魔，其实他是在看屋檐下的蜘蛛是如何捕食蚊子的。又有一次，他扑在地上专心致志地用放大镜仔细观察蚂蚁怎样搬苍蝇，他观察得如痴如醉，全然没有注意周围已挤满了一大群把自己当作奇物的围观者。法布尔对收集到的昆虫进行了长期的细致研究，从它们的出生、蜕变、成长到死亡，包括它们的猎食、打架、造房、生育后代等。他研究土蜂，用了 2 年；研究一种叫地胆的甲虫，花了 25 年；研究隧蜂，前后经过 30 年；研究螳螂，用了 40 年才下结论。法布尔在 80 多岁高龄时，眼睛已经昏花，仍坚持要写《昆虫记》。1915 年 10 月，92 岁的法布尔去世了。临终前，他念念不忘关于昆虫的研究，他留下的最后一句话是"我要做的事情还有很多"。

（5）效能性。兴趣对活动的影响程度也是因人而异的。有些人善于把兴趣转化为主体活动的动机，以兴趣推动主体活动，驱使主体把愿望、期待变为实际行动，纵然存在众多困难，也能积极想办法克服，将兴趣付诸实施，这类兴趣称为有效兴趣。兴趣付诸实施，才能取得效能，其中很重要的就是要把兴趣发展成爱好。爱好不同于兴趣，兴趣仅仅是认识的倾向，而爱好是行为的倾向。有些人对某事的注意仅仅停留在兴趣上，发展不成爱好，或不善于以兴趣推动行动，即使没有遇到任何困难，也仅仅是停留在期望和等待状态，不产生实际效果。兴趣的效能性取决于人们对事物是否感到自觉的需要，思维主体有意识地重视兴趣效能的发挥，有助于提高创新思维质量和发挥主体创新能力的效应。

二、创新动机及其产生

（一）创新动机

创新不是一件容易的事情，创新有风险，创新意味着付出。创新既然这么难，为什么还有人热衷于创新？这就是因为人们具有创新动机。创新动机是指引起和维持主体创新活动的内部心理过程，是形成和推动创新行为的内驱力，是产生创新行为的前提。创新主体的创新动机并不是单一的，而是多元的，这既与创新主体的价值取向有关，也与组织的文化背景、创新者的素质相关。

（二）创新动机的产生

动机是由需要及可能性引发的，创新动机就是由创新需要及创新可能性引发的。创新需要通常有心理需要、成就感需要、经济性需要、责任心需要等。

（1）创新心理需要。创新心理需要是指创新主体对某种创新目标的渴求或欲望。根据美国心理学家马斯洛（Maslow）的需求层次理论，人的需求可以分为生理需要、安全需要、社交需要、尊重需要、自我实现需要五个层次。按照他的理论，自我实现需要是指人们希望完成与自己能力相称的工作，使自己的潜在能力得到充分的发挥，成为自己所期望的人物。创新的心理需要作为创新主体对某种创新目标实现的欲望，实际上是创新主体希望自己的创新能力能够在创新过程中得以发挥，因此，创新心理需要可以认为是人的需求的最高层次之一。创新主体的创新心理需要是由自己对个人成就、自我价值、社会责任、企业责任等的某种追求而产生的，具体来说，则是在各种创新刺激的作用下产生的。创新刺激可以分为内部刺激和外部刺激两大类。内部刺激来源于创新主体内在因素变动的影响；外部刺激来源于外部环境各种因素的变动对创新主体的影响。内部刺激通常受到一定的年龄、生理等特点的制约；外部刺激则受到环境的制约。当内外刺激和谐时会产生共振，使创新心理需要程度加大，推动创新主体积极进行创新。创新心理需要可反复产生，按照心理学规律，需要产生动机，动机支配着人们的行动。

（2）成就感需要。成就感是成功者取得成就而产生的一种心理满足。许多创新主体进行创新的直接动机就是追求成就和成就感，因为他们把自己的成就看得比金钱更重要。对某些人来说，他们在创新工作中取得成功或者解决了难题，从中所得到的乐趣和心理满足，超过了物质上的激励。正因为如此，具有成就感的创新主体更容易在艰苦的创新过程中保持顽强的进取心，推动自己不达目标誓不罢休。成就感通常只有成功的创新主体才会具备，因为如果创新总是不成功，创新主体的成就感就不会存在，原有的那么一点儿成就感也会慢慢地消失。但创新主体追求成就仍然是维持创新行动的动机。尽管这种成功可能未必给他带来多少经济利益，却能为其带来尊重，这就足够了。创新主体希望创新成功，受到他人的尊重，获得成就感。

（3）经济性需要。在现实的经济社会中，劳动依然是谋生的手段，创新主体也要首先解决衣食住行等基本生存问题，因此不能排除创新主体因对收入报酬的追求和需要而产生创新的行动。创新主体在创新时的经济性动机可以分为两大类：第一类是为了组织的经济效益提高；第二类是为了个人利益的增加。虽然第一类动机表面上只与组织效益有关，但组织效益良好最终还会以各种方式回报给为此做出贡献的创新主体。因此，创新主体的经济性动机是明确的，这就是各种创新的成功。

（4）责任心需要。责任心是创新主体的另一重要创新动机，因为创新主体在其工作范围内是一个责任人，要对其所做的工作负责。只有具备高度责任心的人才会去寻找当前工作中的毛病和缺陷，希望从中找到改进和提高的方向，进行创新，使自己的工作做得更好。责任心有两种：一是对社会的责任心，这是宏观的；二是对企业的责任心，这是微观的。这两种责任心会使创新主体在思想意识中产生一种使命意识，促使自己坚持不懈地努力，最终获得创新成功。

（5）可能性。并不是任何需要都能成为动机，只有需要指向一定的目标，并且展现出达到目标的可能性时，才能形成动机，才会对行为有推动作用。例如经济性需要几乎人人都有，要想获得巨大的经济收入，必须自己去创业。但是创业并不是一件容易的事情，因而大多数人认为自己能力有限、资金有限，几乎没有成功可能性，于是也就不会产生创业动机。也有个别胆大者认为，只要自己艰苦奋斗，资金可以积累，企业就会越做越大，成功创业的可能性是存在的，于是创业动机就产生了。

🏵 行动研修

一、如何激发教师的创新动机

激发教师的创新动机，首先要激发教师的创新教育教学的动机。根据需要理论，动机是由需要引发的。因此，激发教师的创新动机应该从学生的心理需要、成就感需要、发展的需要、责任心的需要等方面着手。

（一）让创新成为教师的心理需要

目标远大是产生创新动机的源泉。要让教师懂得创新的重要意义：创新是时代的呼唤；创新是我国实现社会主义现代化建设的现实需要；创新也是个人自我发展的必备素质和未来竞争的前提。21世纪的人才标准不但要求个人知识渊博，而且须具备创新精神和创新能力。一个国家拥有创新人才的多少，将决定经济发展的快慢和科技进步的大小。而创新型教师就是创新人才的重要培养者、教育者。当教师明白了创新的意义后，他们就会产生强烈的创新动机和责任意识，自觉地为中华民族的全面振兴和为美好的人生去创新。

（二）获得创新的成就感

成功的体验是培养兴趣的重要因素。马斯洛的需求层次理论认为，自我实现是最高层次的需要，当人们获取了成功，实现了自我，就会产生愉悦的感觉和对该事物的浓厚兴趣。生活中，我们经常有这样的体验：如果一件事做成功了，就产生快乐的情感体验，喜爱上这件事，愿意继续尝试下去。而如果一件事失败了，就会产生一种痛苦的感觉，不愿再做同样的事情，即使迫不得已去做，也会情不自禁地产生恐惧和担忧的感觉。创新活动也是如此。

为获取创新的成功体验，人们应该尽量给自己积极的心理暗示，树立正确的目标，采取恰当的方法，坚持不懈地去完成，尽量获得成功。从客观角度来说，社会或他人应该创造温暖、和谐的外在环境，促使人们感受到更多的成功愉悦。美国著名心理学家詹姆斯说过，"人性最深层的需求就是渴望别人的欣赏"。因此，社会和他人一方面应该尽量为创新主体创造成功的条件和机会，另一方面要对主体的创新行为给予更多的鼓励和表扬。

（三）教师发展的需要

创新能够开拓教师的视野，使教师获得能力的提升和个人成长。因此，教师自身发展的需要是引发教师创新的最大动机，能促进教师的创新能力、创新意识、创新思维的形成。

（四）教育责任心需要

在现实工作中，工作责任心是个体的重要创新动机。教师在学校中的主要任务是培养学生，教师的教育职业要求教师对社会、对家长具备强烈的责任心。教师职业的责任感会使教师在思想意识中产生一种使命意识，促使自己坚持不懈地努力学习，最终获得创新教育教学的成功。

二、如何培养教师的创新兴趣

那么，怎样培养自己的兴趣，并使兴趣能上升到一定层次，从而真正成为创新的动力呢？这可以从以下几方面做起。

（一）高度责任感和强烈事业心——兴趣是可以转移和培养的

我们先讲一个科学家的例子。著名植物学家蔡希陶原先对动物十分喜爱，1929 年被安排搞植物学研究时，他也只是勉强答应而已。后来他在实际工作中对植物研究产生浓厚兴趣，特别是看到英国、法国、德国、美国等国家多次派专家到云南采集植物标本后，一种民族责任感使他潜心进行植物研究，从而在植物学上取得了卓越成就。"人民教育家"于漪老师大学读的是教育学，工作刚开始教的是历史，"半路出家"改行教语文，靠的是勤学苦练，才百炼成钢。

由此可见，高度的责任感和强烈的事业心是激发和培养人们事业兴趣的强大动力；培养兴趣与培养责任感和强烈的事业心是不可分的。为此，要培养对祖国建设有益的兴趣，应加强爱国主义教育，无限地热爱祖国、热爱事业，从而使事业兴趣逐步形成和发展。教师职业也是如此，教师要以极大的兴趣和热情全身心地投入教育事业，任劳任怨，在自己平凡的工作岗位上出色地完成创造性的工作。可见，从兴趣培养的角度来讲，"干一行，爱一行"无疑是正确的。

（二）寻找和发现事物的内在美——每门科学和每一种技术都有其特有的内在美

深入一个专业或行业之中，真正发现和体验到这种细微的内在美，人们就会强化自己对于该事业的兴趣。为此，首先要树立这样一种信念：每个行业、每门科学、每项技术都有其特有的吸引力，都值得我们下决心去寻找、发现其中的乐趣和内在美，从而培养出浓厚的兴趣。比如研究数学，可以使人折服于数学的严密性和条理性；涉足化学，可以使人赞叹化学的千变万化而又有规律可循；从事医学，可以使人为自己所从事工作的神圣伟大而陶醉；学习生物学，可以使人为大自然生命的神秘而感慨万千。人们只要善于挖掘和欣赏本行业的特有的美，对事业的兴趣便会油然而生，并不断强化和升华。

教师职业最大的吸引在于，教师是生命新鲜度最为广阔的职业。当你年轻时，你和稚气的孩童共同成长、追梦；当你步入中年，你和自己孩子般的学生共同体会年少的风华；而当你年老之时，你还可以同朝气蓬勃的少年一同感受青春洋溢的生命力量。不同的孩子，不同凡响的生命体，一代又一代人在生命与生命的交织与流动中，共享阳光，共同成长。

（三）善于欣赏前人的智慧——要培养持久的兴趣，还要讲究学习方法和善于在学习中找到乐趣

人们学习的知识都是前人智慧的结晶，从这些知识中体会前人的伟大、欣赏前人的智慧，可使人得到精神上的享受和乐趣。比如人们学习理论物理学，可以体会大自然构造的巧妙，可体会宇宙间的和谐、简单和系统，从而深刻感受到爱因斯坦等人的伟大；人们研究群论的发展，便会为法国数学家伽罗瓦（E. Galois）的惊人想象力而激动不已；人们了解了美国物理学家迈克耳孙（A. A. Michelson）创造的迈克耳孙干涉仪，也可为他竟用如此简单的装置测出了光速而赞叹不已；人们还会对德国天文学家开普勒将天体运行与音乐结合起来，从乐曲着手研究出行星运动规律的事迹无比神往……所有这些赞叹和激动，都会使人们对科学产生浓厚的兴趣。

善于用欣赏的眼光看到前人的智慧，在不断提升自己的内在修为中提高和培养自己的兴趣，完成兴趣到志趣的升华。清华附小校长窦桂梅曾经和新东方创始人俞敏洪进行关于兴趣的对话，我们可以从中窥出一二：如果孩子有兴趣，是多么好的福德，如果我们家长发现孩子针对某一项事情有真正的兴趣，我们大家是幸运的。问题是我们的孩子真正有兴趣吗？首先要问问孩子最喜欢什么，让他自己简单说出三个理由，这些理由构成家长、学校对孩子的基本判断，于是我们就把这个兴趣当作一个真正的兴趣培养，发展他的兴趣。走到了中年段，四五年级的时候，兴趣就变成了志趣，当人有了这样一个志趣的时候，人生就会有大的志向。所以这个兴趣的选择最初的时候还是非常重要的。

（四）善于自我欣赏——在创新活动中，善于自我欣赏是激发兴趣的重要环节

当然，过分自我欣赏的态度是不足取的，但是如果一点儿也不懂得自我欣赏，那么对于创新潜力的开发也是不利的。过分自我陶醉常会使人停步不前，一点儿也不懂得自我欣赏又会使人体验不到学习的乐趣和创新的愉快。爱因斯坦就曾为自己能揣摩出一种会自动饮水的玩具小鸟的秘密而喜不自胜。因此，一个人只要善于根据实际情况把握好自我欣赏的尺度，就会不断地激发自己的兴趣。比如读完了一本书，就应该为自己掌握了一些新知识而感到高兴；产生了一个奇妙的想法，就应该为自己的创新才华而兴奋；完成了一项创新活动，就应该为自己对社会又做了一点儿贡献而感到自豪。所以，善于自我欣赏可以使自己加深对所从事工作的兴趣。

（五）早日进入创新境界

对于一个创新者来说，创新无疑具有巨大的吸引力。因此，有志创新的人应及早进入创新境界，即在有了某些基础时尽快做到边学习边创新。俄国地理学家克鲁泡特金曾说："一个人只要一生中体验过一次科学创造的欢乐，就会终生难忘。"可见，创新可以给人们带来满足和快乐，也必然会给人们带来浓厚兴趣。创新与兴趣是紧紧联系在一起的。没有创新，兴趣不会保持长久，死记硬背没有什么兴趣可言；而兴趣又可反过来促进创新，一个人如能创新出独特的东西，就会感到振奋，觉得乐趣无穷。因此，利用创新学中的直接创新原则，早日进入创新境界，体验创新的成就感，是培养兴趣的一条重要途径。总之，创新需要有广泛的兴趣作为基础，创新更需要有专一的中心兴趣作为先导或突破，同时，创新本身又可促进人们各种兴趣的发展。创新潜力的开发与兴趣的培养是分不开的。

第三节　激发创新情感　磨炼创新意志

案例与分析

🌱 案例直击

于漪老师从教六十多年，始终坚持自我超越，始终站在教育改革的最前沿，不断创新。她的教育理念领先，教学见解常新，不仅引领着语文教学的未来，还深刻地辐射到学校德育工作、教师教育等多个领域，甚至对上海乃至全国基础教育的改革发展产生了广泛的影响。她永不自满，永远好学，这就是一个真正的师者永葆青春的最大秘诀。

于漪没有名片。尽管她的头上有着"全国劳动模范""全国三八红旗手""全国教书育人楷模"等声名显赫的桂冠，但是，她内心最喜欢的始终还是"教师"这个最普通的称呼。她说："如果下一辈子还叫我选择职业，我仍然选择教育这多情的土地，选择我们可爱的学生，选择这永远光辉灿烂、青枝绿叶的教育事业！"

🦋 案例评析

于漪老师的事例说明，一位教师要想取得创新教育教学成果，必须具备坚忍、稳定的创新情感和顽强的创新意志。于漪60年如一日，坚持创新，以教师职业的神圣与使命感为己任。创新情感和创新意志是创新意识的重要构成要素，是一个创新型教师的必备素质。创新型教师应该激发自身的创新情感，以稳定的情绪、理智的情感等，促进创新活动的发生发展；同时，教师应该不断磨炼创新意志，逐步促进自身创新品质的提升。

理论与应用

◎ 理论导航

一、情感：创新活动不竭的动力源

创新活动的主体是具有知觉、情感、意志的活生生的人，人们在认识世界和改造世界的社会实践活动中，不但认识了周围的事物，并且对它们做出评价，产生一定的态度，引起相应的体验。比如当外界事物符合个人需要时，人们就会产生积极的态度，引起满意、高兴、喜欢的体验；相反，就会产生消极的态度，并引起失望、悲痛、厌恶的体验。主体对外界客观事物所持的不同态度和体验就是情绪，它是人对客观事物的一种特殊的反映形式。情感是情绪的本质内容，情绪是情感的外部表现。情绪有较大的冲动性，不大稳定，并常与一定的情景相伴随，当情景消失时，相应的情绪也消失。情感则较稳定，较少冲动，易受认识的支配，情感深藏而不外露。情绪的变化受情感的制约，情感又在各种变化的情绪中得到表现。

（一）情感的形式

人的情感按其性质和内容可以分为道德感、理智感和美感三种形式。

1. 道德感

道德感是关于人的思想、意图、行为、举止是否符合社会道德行为准则而产生的情绪体验。当人们根据一定的道德标准来评价自己和别人的思想、言论和行为时，就会产生某种情感体验，这种体验就是道德感。道德感按其内容包括对祖国和事业的自豪感和尊严感，对社会公益的义务感和责任感，对丑恶的人或事的仇恨感，对群体的集体主义感、荣誉感，以及对群体里其他成员的友谊感和关怀感等。

道德感对人的行动具有巨大的调节作用，是道德行为的内部驱动力。例如人们采取勇敢的行为阻止某些不道德的要求和行为，或由于突如其来的自

尊感和责任感而激起大胆果断的行动，等等。

健康的、强烈的道德情感是开创创新活动、取得创新成果的重要心理条件。对祖国的热爱，维护国家的尊严常常是一些科学家勇于攀登科学高峰的不竭动力源。居里夫妇经过千辛万苦，提炼出一种新的放射性元素，当这种新元素诞生时，居里夫人满怀对自己的祖国——波兰的一片深情，把这种元素命名为"钋"。我国科技工作者为了祖国的安全和荣誉，在极端困难的条件之下试制成原子弹和氢弹，把人造卫星送上了天，使中国成为较早拥有核武器和先进航天器的国家之一。

2．理智感

理智感是人在智力活动中，由对客观真理的探求和评价而产生的情感体验。它是与人的认识活动、求知欲和认识兴趣相联系的，因此，也被称为认识的情感。它主要表现为：在认识事物或科学研究过程中对新的、未曾认识的事物所表现出来的求知欲、好奇心、惊讶感；对于矛盾着的事物、现象所产生的怀疑感；对于复杂的现象由于论据不足，一时不能做出判断而产生的犹豫和不安感；经过努力钻研与思考有了新发现，使问题得到解决而产生的喜悦感等。其中，惊奇感与好奇心密切联系，可以推动主体的创新思维和创新想象。如爱因斯坦所说，思维世界的发展，在某种程度上来说是对惊奇的不断摆脱。怀疑感可以增强主体的思维批判性，促使主体打破旧观念、旧学说，是创新的心理推动力量。自信感则能保证主体处于最佳创新状态，强化主体的创新动机，充分调动个体的智力因素，有利于挖掘潜能。

3．美感

美感是人对自然界事物、艺术品以及社会生活中的人物与事件做出评价时所产生的情绪体验。它是一种愉悦的情感体验。居里夫人说过，科学的探讨研究，其本身就含有至美。法国数学家彭加勒把追求美作为他从事科学研究的目标："科学家研究自然，并非认为这样做有用处。他之所以研究它，是因为他从中得到乐趣，而他之所以能从中得到乐趣，那是因为它美。如果自然界不美，就不值得去了解它，生命也就没有存在的价值了。"

（二）情绪

情绪可以分为心境、激情、应激等状态。心境是一种微弱、弥散而持久的情绪。心境在一段时间内影响人的心理，使个体心理染上一定的情绪色彩。"忧者见之而忧，喜者见之而喜"，正是对心境的概括描述。心境受个人需要、意见、能力、性格、理想、信念等心理因素的制约。良好的心境能提高主体的创新敏感性，及时捕捉有用信息，使主体对与创新相关的事物充满浓厚的兴趣。心境好的人通常联想活跃，思维敏捷，想象力丰富。消沉、抑郁的心境则使大脑处于抑制状态，联想不活跃，思路不通畅，想象力贫乏。激情是一种迅速、强烈而短暂的情绪，一般由生活中具有特殊意义的事件的强烈刺激引起。激情有积极与消极之分，积极的激情可以极大地激发主体的创新意识和创新敏感性，充分调动个体的创新力；相反，消极的激情会导致主体盲目冲动，甚至失去自制力与理智，不能正确地评价自我，不能正确预见行为的后果，从而把创新活动引向反面。热情是一种稳定、深厚的情绪体验，它具有持续性。它可以有效地控制人的整个身心，影响人的思想和行为，它能有力地促进主体展开思维。

好的情绪是实践活动的心理推动力量。它可以使主体的注意力集中在创新的目标上，能调动与激活智力因素，充分发挥智力效应。它可以使科学家废寝忘食，甚至达到忘我工作的程度。诺贝尔一生把热情献给了科学事业，他说，工作使得一切都美化了，它使我们免除了不必要的享乐和奢侈。

二、意志：创新活动中克敌制胜的法宝

（一）意志

意志是人们自觉地组织自己的行为，努力克服困难，排除障碍，以达到一定目标的心理过程，也即主体有目的地自觉支配和调节自己的行为，努力克服自己的心理障碍和情绪障碍的过程。意志外在表现为主体的有目的的行为，这是意识的能动作用的表现，只有人才有意志活动。人为了满足自己的需要，预先确定目标，然后按自己的意志有计划地组织自己的行动，以实现

这一目标。恩格斯说，一切动物的一切有计划的行动，都不能在自然界打上它们的意志的印记。这一点只有人才能做到。

（二）意志的构成因素

意志品质是构成主体意志力的稳定因素，这些因素包括独立性、坚定性、果断性和自制力等。

1. 独立性

独立性表现为一个人有能力做出重要的决定并执行这些决定，有责任感并愿意对自己的行为所产生的结果负责，并深信这样的行为是切实可行的。独立性不同于武断，武断表现为置他人的意见于不顾，不考虑具体情况而一意孤行。而独立性则要求理智地分析和吸取他人的合理意见。与独立性相反的是受暗示性，表现为盲从、缺乏主见、易受他人的影响。意志的独立性对于创新目标的实现有很大的影响，它有助于主体将注意力集中在特定的目标之上，充分调动智力因素，保证主体自主地做出科学的思维判断而不受外部环境的干扰。而易受暗示性者则会随波逐流，人云亦云，缺乏思维的批判性，并对自己的行动缺乏信心。因此，在创新活动过程中，我们要不断提高意志独立性，防止和克服暗示性、独断性。

2. 坚定性

坚定性表现为主体长时间地相信自己的决定的合理性，在执行意志决定的过程中，能坚持不懈地克服困难和障碍，完成既定目标。与坚定性相反的则是动摇性和刚愎自用、执拗。意志的坚定性对于创新思维活动的展开有着重要的意义。它能够保证主体的智力效应不断积累，使主体长期地开展某一特定方向的思维和想象活动，并不断地吸取教训和总结经验，直至实现最终目标。意志的坚定性又是成功的心理保障和提高创新效率的心理条件，它包括充沛的精力与坚忍的毅力两个方面。充沛的精力可使主体处在良好的心理状态，保持适当的紧张度，有利于充分调动和发挥智力因素，提高思维效率；坚忍的毅力则可使主体理性地对待困难和挫折。

3. 果断性

果断性表现为迅速地辨明是非，能及时地、坚决地做出决定并执行决定。果断有别于轻率，它是以充分的根据、周密的思考为前提的。果断的人对自己的行为目的、方法及可能导致的后果都有深刻的认识和清醒的估计，能当机立断，及时行动。与果断相反的意志品质是优柔寡断，优柔寡断的人在须做决定时迟疑不决、三心二意，而在紧急关头又只能草率行事，这是缺乏勇气和主见的表现。对于科研工作者而言，果断性则表现为他们能根据社会发展和科技发展的需求，适时地选择与确定研究课题，抓住机遇，在激烈的竞争中获得主动权，而在研究遇到困难时，能当机立断，做出决策。

4. 自制力

自制力是指主体在执行意志行动的过程中善于控制自己的情绪、约束自己的言行的一种能力。自制力可促使主体坚定地执行决定，并克服阻碍执行的不利因素（如懒惰、犹豫、羞怯、恐惧、冲动等）。有自制力的人能控制自我，善于克制与实现目标不一致的各种思想情绪，排除外界诱因的干扰，从而使自己及时、正确地做出决定。而在执行决定的过程中，它又可使主体为崇高的目标去忍受各种痛苦和灾难，必要时甚至能赴汤蹈火，视死如归。

（三）创新意志是实现创新目标的重要品质

意志就是自觉地认识并确定目标，根据目的来支配、调节自己的行动，克服多种困难，从而实现目的的主观能动过程。创新意志是创新主体自觉地确定创新目标，克服创新活动中的困难，以实现创新目标的心理品质，是在创新中克服困难、冲破阻碍的心理因素，主要体现在创新的目的性、顽强性和自制性等方面，它是创新活动走向成功的主观保障。因此，创新意志是创新活动中克敌制胜的法宝。

✿ 行动研修

一、合理激发创新情感

（一）稳定的情感促进人的创新潜力的开发

不同性格和情感的人，对于创新的态度并不相同。一个执着追求的创新者，其情感是较稳定的，虽然外界条件变化多端，但他不会受任何干扰，执着地追求着自己的创新目标。他能够在自己创新的道路上做到"任凭风浪起，稳坐钓鱼船"，从而极大地开发自己的创新潜力，展示自己的创新才华。一份对祖国或亲人的深厚情感，一种对事业的憧憬、对前途的乐观，往往能够唤起人们对创新的向往，从而产生无穷的创新欲望和持久的创新动力。

（二）负面情感因素阻碍人的创新潜力的开发

有些负面情感因素则有碍于人的创新潜力的开发。例如在创新时或盲目乐观，或悲观失望，不是想"一口吃成个胖子"，就是懊恼颓废、灰心丧气，三天打鱼、两天晒网等。这些情感上的变化和起伏，都不利于创新潜力的开发。有人研究后认为，人在情绪低落时，其想象力只有平时的一半。针对情感在开发创新潜力中的重要作用，近来社会上出现了一种"情商"提法。情商，是"情绪智力商数"的简称，它是依照智商的模式而提出来的。尽管情感因素在创新潜力开发中的作用是明显的、不容忽视的，但要想把这些情感因素定量地表现出来，还只是人们的一种愿望，目前仍处于研究之中。因而不宜片面地夸大情商的作用，否则便容易产生误导。

（三）创新热情难能可贵

创新潜力开发中的情感因素还可直接表现在创新者的创新热情上，创新者对创新活动往往表现出疯狂的热情，废寝忘食，不知疲倦。

小说家约翰·艾维可以连续几天，每天用 12 个小时写小说。许多年后，他征服了大量的读者，名利双收。当有人问他是什么驱使他这样努力地工作时，他回答道："是一种无法用言语表达的因素——爱。我如此努力写作的原因在于写作对于我来说不是工作。"

一个名副其实的创新者，他必然热爱生活、热爱工作、热爱学习、热爱大自然，对前途和希望充满无限热爱。爱因斯坦说过："对一切来说，只有热爱才是最好的老师，它远远胜过责任感。"很难想象，一个对一切都失望、冷漠甚至完全"看破红尘"的人会产生什么创新的冲动。其实，科学家和发明家都非常热爱生活和大自然，他们非常喜爱构思、探索、钻研，对于自己所从事的工作和事业从来就没有厌倦之意。正是这种深情的热爱，促使他们获得了事业的成功。科学家贝弗里奇曾说："对于研究人员来说，最基本的两种品格是对科学的热爱和难以满足的好奇心。"可见，热爱可以激发创新潜力，可以使人在创新的道路上不断获得动力，直至达到光辉的顶点。

二、创新意志的培养

创新意志的培养主要体现在专心致志、坚忍不拔和果断性等几个方面。

（一）专心致志：集中精力于创新

精力也是一种意志品质，是指在达到一定目的的过程中具有充沛的克服困难的能力和从事各种活动的紧张程度，是一个人在活动中的兴奋性、准确性和有效性的心理品质表现。

创新需要集中精力，力争调动一切能量于一点进行突破。法布尔对一个询问他研究经验的人说："把你的精力集中到一个焦点上试试，就像这块凸透镜一样。"集中精力需要学会选择和自控，把注意、观察、思维、想象、记忆能力都集中到创新的主攻方向上，尽量使自己在同一时间内全身心解决一个问题。

注意力集中的程度决定着思维的深度和广度。科学史上思想深邃的巨人都特别能集中注意力。奥托·弗里希回忆说："爱因斯坦特别能集中注意力，我确信那是他成功的真正秘诀：他可以连续数小时以我们大多数人一次只能坚持几秒钟的程度完全集中注意力。"这句话清楚地揭示出了具有创新力的优秀科学家能够成功的一大秘诀，这值得我们体味和学习。

（二）坚忍不拔：在创新的挫折中坚持不懈

要创新就会有失败，关键在于我们如何正确地去面对失败。创新活动本身就是一个艰苦的过程，惧怕失败会造成人们畏首畏尾、顾虑重重，从而助长其消极情绪和懒惰，使其遇到困难绕道而行，不愿竞争和冒险，做事循规蹈矩、照章行事，从而形成惰性思维。要培养顽强的创新意志，就要消除这种心理。敢于冒险和能容忍错误是创新者的特征之一，"失败乃成功之母"，对于创新活动中的错误和失败要有辩证的认识。钱学森曾说："正确的结果，是从大量的错误当中得出来的；没有大量的错误做台阶，也就登不上最后正确结果的高座。"创新人才最重要的特点之一就是对自由的追求和对错误的容忍。过分地追求尽善尽美，不仅在标准与目标上不现实，而且采取行动也是带有强迫性的。在这种心态的影响下，人们对自己过分苛求，放弃了本来可使自己接近和获得成功的尝试，或因追求完美无缺而拖延了创新成果的问世。因此，面对挫折和困难，要有良好的心理素质和承受能力。一方面，要时刻暗示自己"天生我材必有用"；另一方面，要理性地思考解决问题的办法。坚信自己一定能够成功，以顽强的心理承受能力笑对挫折，在总结经验中促使自己不断奋起。

（三）当机立断：果断抓住创新的机会

当今社会是一个充满竞争、挑战的社会。在这样的社会里，人们难免会遇到挫折和困难。面对随时可能遇到的困难与挫折，我们必须保持一定的果断性，利用创新的意识去处理、解决问题。意志力薄弱、谨小慎微、优柔寡断、事事后悔等都是不可取的。在创新中，挫折、困难普遍存在，难以避免，此时就需要个人能在复杂的情境中冷静而迅速地判断发生的情况，毫不迟疑地采取坚决的措施和行动，并在此基础上认识事物的本质，利用创新能力、创新思维，把握创新机遇，实施创新，从而实现自己的目标。

第四节 呵护好奇心理 激发求知欲望

案例与分析

案例直击

于漪老师因为教育教学的需要，对现代流行的事物同样充满了好奇和求知欲。为了弄清楚现在的中学生为什么喜欢周杰伦，她专门研究了《菊花台》《青花瓷》《双截棍》等流行歌曲的歌词和旋律，发现周杰伦的创作才能以及歌曲中东方古典文化与现代摇滚乐的巧妙结合，才是令青葱少年喜欢和迷恋的原因。还有一次，她为了解决一名篮球迷学生上课开小差问题，也开始关注篮球运动，并观看学生参加的比赛，敞开心扉与其论球、评球……开阔的视野，丰富的兴趣，求知的好奇心，使于老师在教育教学的天地里游刃有余，挥洒自如。

案例评析

好奇心是对某事感到疑惑，并力图弄清楚事物的真相的心理动机。好奇心往往是创新的重要出发点和推动力。好奇心和求知欲几乎是"孪生兄弟"。于老师为了深入地了解学生，对学生的爱好与学生文化产生了强烈的好奇心。好奇心驱使她深入了解了学生的世界，更加接近学生的内心，并取得了教育的成功。教师要提升自身的创新力，就应重拾自己的好奇心，重拾对万事万物的探究心理和求知欲望。呵护好奇心理，激发求知欲望，教师应用好奇心和求知欲激发自己的创新潜力，使自己成为一名创新型教师。

理论与应用

◎ 理论导航

一、好奇心——创新行为的普遍特征

好奇心是人们对不了解的事物所产生的一种新奇感，它是由外界信息激发引起的一种情感状态。从心理学角度讲，好奇心是指外界环境作用于人的感官所引起的感官的异常兴奋的反应和大脑的新鲜感，并由此能动地引导和驱使人们为之产生一系列的探索行为。它是人类求知的原始的内在动力，是促使个体对新奇事物去观察、探索、摆弄、询问，从而获得对环境中事物的了解的一种创新冲动。

好奇心总是通过惊奇、疑问等心理活动来诱导人们有选择性地接触产生新奇感的客观事物，进而去观察它、认识它，从而激发人们的创新行为。希腊哲学家柏拉图说过："好奇者，知识之门。"可以说许多发明都是从好奇心开始的。牛顿对苹果下落产生了好奇，所以发现了万有引力；瓦特对烧水壶上冒出的蒸汽十分好奇，最后改良了蒸汽机；伽利略也是看吊灯摇晃而好奇，从而发明了单摆；爱迪生从小对什么都好奇，人们熟知的爱迪生用自己身体孵蛋的故事就可生动地说明这一点。有了对于事物的好奇，才能提出各种问题，才能激发思考，从而才有可能步入创新境地。大量事实足以证明德国启蒙思想家莱辛（G. E. Lessing）的一段颇富哲理的话："好奇的目光常常可以使一个人看到比他所希望看到的更多的东西。"爱因斯坦曾经说过，他一直到老，始终保持着5岁看到指南针时的好奇心，这使他一生做出了许多重大贡献。因此有人说，好奇心是科学创新的出发点和原动力。

二、好奇心的主要表现

好奇心的主要表现有：敏感性，主动性，持续性，好奇体验。

（一）敏感性

好奇心的敏感性主要是指对外界信息变化的敏感性，表现在对周围环境的变化和对周围的未知事物的敏感。比如人们的服饰、言语、言谈举止以及外界环境的变化，等等。

陈景润在上初中时，有一天，他的数学老师对同学们讲："数学就如同自然科学中的皇后，数论就是皇后的王冠，而'哥德巴赫猜想'则是王冠上的明珠。"陈景润很敏锐地察觉到了老师在讲话时的用词，对数学也就产生了最初的好奇，使他在以后的数学事业中有所建树。

不是每个人都敏感于外界的变化，只有留心观察的人的敏感性才会强，好奇心才会更凸显，探索行为更容易产生。

（二）主动性

好奇心的主动性是指好奇心来源于自身，是人们的内在驱动力驱使自己去了解未知事物的一些特征或解决一些问题。它主要表现为喜欢问问题和摆弄东西。

"发明千千万，起点是一问。禽兽不如人，过在不会问。智者问得巧，愚者问得笨。人力胜天工，只在每事问。"发问是学生动脑的结果，是学生好奇心的流露，它将推动学生不断带着疑问去思考，去研究。

有一次常识课上，老师讲道："蚯蚓的再生能力很强，如果把蚯蚓切成两段放回土中，没过几天，就会变成两条完整的蚯蚓了。"有一个同学就发问："如果把蚯蚓切成三段的话，会不会变成三条蚯蚓？"这个问题老师一时回答不出来，经过讨论，大家一致决定做实验。第二天，教室里就多了几只大口瓶，被切断的蚯蚓处于同一环境中……几天后，事实得出了结论：切成两段的蚯蚓变成了两条活蚯蚓，切成三段的中间一段不能成活。

案例中提问的学生并没有一味地接受老师所传授的知识，而是带着思考，主动地去关注自己好奇的东西。同时，这也是学生善于动脑的表现，有助于创新思维的发展。

（三）持续性

好奇心的持续性是指好奇行为的持久性以及探究问题的持久性。有些学生对自己感兴趣的事物表现的都是"三分钟热度"，只要他们在解决问题中或在对事物的调查中受点挫折，就会放弃深入了解，只保留自己对事物肤浅的认识。短暂性的好奇心只停留在事物的表面，学生会提出问题，但是不会对事物的本质进行思考，不会去探究问题的本质。

奥地利的生物学家孟德尔在少年时具有很强的好奇心。一次，他问正在洗花的父亲："为什么这一棵玫瑰开的是红花，那一棵却开白花？"他的父亲是个园艺好手，却不能回答他提出来的问题。又有一天，孟德尔与父亲一起采摘苹果，他发现两棵树上结的苹果不一样，他就又问："为什么这两棵树上结的苹果不一样呢？"他父亲说："我说不出来道理，你去问问老师吧。"第二天，孟德尔见到老师，胆怯地问："老师，为什么玫瑰花有各种不同的颜色？为什么苹果有不同的样子？"老师说："那是上帝的安排。"老师的这种回答可以很方便地解决世界上的一切疑难问题。孟德尔又问："上帝为什么要这样安排呢？上帝是怎样安排的呢？"老师说："对于上帝的安排，我们只能赞美和服从，不能问为什么，也不应当问为什么。"孟德尔就更好奇了："为什么上帝的安排就不能问呢？"老师不再理会他。但是孟德尔并没有放弃，他之后有很长一段时间去注意和搜集这方面的资料，最后还得出了一些结论。

如果孟德尔的好奇心只是一时的，不去探究问题，那他就不会有所发现。学生也一样，正是积极持久的好奇心理和主动探究的精神，才使得他们在某一领域有所创新。

（四）好奇体验

有人说："受到挫败后的好奇心能变成富有创新的好奇心。"的确如此，如果学生的好奇心得不到满足，或者说学生找不到答案来满足自己对问题的好奇，那么学生可能会自己去搜寻答案，这是学生自己有发明、有新观点的基础。如果学生对自己从事的活动具有强烈的好奇心，这种原动力就会把学生的创新欲望充分调动起来，使他们产生创新的冲动。好奇心是创新的初级阶段。有好奇才有探究，有探究才有认识，有认识才有破译，有破译才有创新。

三、好奇心增强求知欲

在学习生活中，当学生发现自己与他人的知识经验，已知的信息和未知的信息之间差距过大，或者未知的东西正是自己的兴趣所在时，就会在内心产生一种心理上的失调，因而就形成了要尽快地消除这种不平衡状态的需求，从而萌发采取某种适当的方法重新获得平衡的欲望，这就是求知欲。求知欲是一种积极的理智的情感，是对事物本质认识的一种渴望，表现为渴望知识、渴望参与的情绪和情感。它可以使人集中精力去获取知识并创造性地完成各项活动。求知欲是一种内在的精神需要，是学生创新的内在动机，是一种比较稳定的认知需要。它会促使学生在好奇的基础上产生求知的欲望，渴望自己的要求得到满足。求知欲强的学生会自觉地、积极地追求知识，坚持不懈地探索知识，会在知识的海洋中促使创新行为的出现。爱因斯坦从小求知欲就很强，这也为他之后的科学家生涯奠定了基础。一个学生如果没有旺盛的求知欲，就意识不到自己知识结构的缺陷和水平的不足，也体验不到个体内在的认知需求，还容易产生自我满足，也就谈不上创新行为的产生。

由于好奇不仅促使人们对某一事物感到疑惑，还促使人们继续思索，以求明白事情的真相，所以好奇是创新的重要推动力，也是人们产生无穷毅力和耐心的源泉。好奇心驱使人们观察问题，这往往是做出创新的前奏。对整个人类发展来说，好奇心是人类认识世界的动力，人类正是对鸟类能够自由地在天空中飞翔产生好奇而发明了飞机。好奇心在人们选择创新方向上往往起着很大的帮助作用，专业技术人员正是凭借好奇心来捕捉创新信息，在好奇心的基础之上激发创新思路。

🏵 行动研修

一、恢复并升华孩提时代的好奇心

教师们可以回忆一下，还记得孩提时候，自己对于万事万物是多么关心，多么好奇，总是问"为什么"。好奇是一种认知冲动。认知需要在人成长的幼年晚期和童年期就表现出来，并且比成年期更强烈，因此马斯洛认为其"似乎是成熟的自然产物，而不是学习的结果"，因为"孩子不必要大人教他去好奇，却可能被大人教导不要去好奇"。而好奇心对创新来说是至关重要的，因为创新不是事先能够预料的，往往是在好奇心的推动下，最后才得出来的。

富有创新精神的人往往有着强烈的好奇心。对好奇心的扼杀，直接影响个人的创造性的形成。爱因斯坦曾说，他没有特别的天赋，只有强烈的好奇心。爱迪生说："天才就是百分之一的灵感，加上百分之九十九的汗水。"这百分之一的灵感往往就是孩子的好奇心。

心理学告诉我们，好奇心是人的一种天性，小孩子都具有强烈的好奇心，然而，人们往往错误地将好奇与无知强扭在一起，从而使可贵的好奇心受到了挫伤。随着知识的增长，许多人不同程度地丧失或减弱了孩提时代对事物的好奇感。所谓开发创新潜力，在某种意义上讲就是恢复并升华人们孩提时代的好奇心。

好奇心是创新潜力开发的一个重要出发点，好奇心可以使人直接产生兴趣并驱动创新。然而，在一般情况下，人们的好奇心常虽容易被激发，却难以保持，所以，培养兴趣的一个很重要的方面就是经常保持已有的好奇心。例如，当一个人第一次看到一块史前时代的生物化石时，常常是带着一种惊讶的好奇仔细地对它进行观察，但不久就会感到，它无非是一块石头，没什么可看的了，以后再见到便不会好奇了。如何才能保持好奇心呢？关键是善于提出问题并向事物的纵、横方向扩展，善于不断地激发新的好奇。比如对

上述化石可以如此发问：这化石的形成距现今有多少年？它是在什么环境条件下形成的，是在大海里还是在陆地上？它与矿产有什么关系？它能反映地球的变化吗？化石的原来生物是什么？它是怎样生活又是怎样演变的？这样，从一块化石就可以激发出一系列的好奇，从而产生无限乐趣。

二、好奇心可以练习

2015 年始，德国开展好奇心活动（always curious），世界各地的科学家、工程师、管理者、艺术家参加。至今，好奇心活动已经有 5 年的历史了，最初的研究关注"你失去好奇心了吗"，第二年的活动关注"百分之六十的人失去了好奇心"，第三年的活动推出了"好奇心的要素"，第四年的活动研究了"好奇心水平与多尺度创新"。

五年的活动从"概念化好奇心""量化好奇心""策略性提高好奇心"三个方面逐渐深入。通过严谨的概念设立、问卷调查、信息分类，关于好奇心的研究不断深入和扩展。在 2018 年的好奇心报告中，专家终于将决定好奇心的要素确定为四点（curious elements），这是好奇心研究的里程碑。

2019 年，好奇心活动的关键词是"你也可以"，提出"创新不是很多人想的那样专属于少数人或难以捉摸。通过一定的练习，我们都能够实现创新"。并推出了一系列旨在激发好奇心、提高创新思维的好奇心练习策略（https：//www. merckgroup. com/cn-zh/curious-elements/？ko＝yao）。与以往不同的是，每一个好奇心要素下面都设立了两种练习策略，让练习者从不同方面考虑问题，进而扩展视野。

（一）要素 1：DEPRIVATION SENSITIVITY（认识到差距并努力弥补差距）

练习方法：

您有想要了解未知事物的冲动吗？在找到答案之前，您不愿轻言放弃？那么，您已经对认识到差距并努力弥补差距有了些许的了解。认识和填补我们的知识鸿沟有助于我们发现新颖的解决方案，并满足我们对知识的渴望。

拉开知识差距的思考确实可以激发人的好奇心和想象力。有的人习惯于自己专业领域或日常熟知的东西，日复一日为了应付工作中的急迫事件而忽视了更重要的问题，目光变得迷茫，失去了好奇心，日常工作最终会变得不堪应付，因为没有好奇心，就难以对出现的新情况提出创新的解决方案，更何况跨越性的解决方案。与其每日在已有的知识里饱食终日，不如经常做做好奇心的练习，思考一下跨界的问题，只有跨界的问题才可能勾起"专业人士"的好奇心。对于普通人，跨界思考也许更加容易，因为本来就没有专业壁垒。

（二）要素 2：JOYOUS EXPLORATION（从探索中获得乐趣）

探索新知识既有趣又有益。我们从探索中获得的乐趣是好奇心的本质，它帮助我们获取新的信息，由此将自己的理念提升到一个新的水平。

练习方法：

· 通过发现来学习。在旅程中传递您的好奇心。改变您的观点，体会看似无关的主题实际上如何息息相关。为新的事物做好准备，从探索中获得欢乐。

· 问题，问题，问题。为何问题如此重要？问题让我们超越一般假设，培养新的方法。从探索中获得乐趣，主要由目标明确的提问所激发。此项练习帮您无拘无束地提问。让好奇心成为您的向导，迈出进入未知领域的第一步。

有时候，我们是通过问题的牵引来探索未知的，这些问题也许与工作内容密切相关，也许与我们的生活质量密切相关，总之是为了扫除障碍，这是被动的好奇心。有时候，我们的探索并不是为了解决问题，只是被新奇的题目所吸引，探索是为了减少困惑，这是主动的好奇心。通过做上面的练习，可以知道很多不相关的东西是联系在一起的。看来世界确实是普遍联系的。

（三）要素 3：OPENNESS TO PEOPLE'S IDEAS（敞开心扉拥抱他人的想法）

对他人的想法保持开放的态度，这种能力非常重要。但这不仅仅是指拓宽您的视野，重要的是在自己和他人的想法之间找到联系，并一起实现一个明确的目标。

练习方法：

·开启新视角。这个练习能帮助您敞开心扉，并从别的视角观察事物。这些视角将在您面对问题和挑战时，为您提供更新颖的解决方案。准备好了吗？

·六顶思考帽。轮流体验六顶不同思考帽的角色。每个帽子都被分配了一种颜色，表示一种特定的思考模式。帽子将帮助您从不同的角度看待问题，让您产生更具创意的点子。

六顶思考帽是由被誉为"创新思维之父"的爱德华·德·波诺（Edward de Bono）博士所开发的思维工具。所谓六顶思考帽，是以白、黄、黑、红、绿、蓝六种颜色各异的帽子来代表六种基本的思维模式。

白色意味着客观和理性，戴上了白色帽子就要避免主观情绪的影响，保持中立，用数据和事实说话。

黄色表示正能量和肯定，戴上了黄色帽子就要避免负面情绪，积极、健康地提出建设性意见。

黑色是批判、质疑的色彩，戴上了黑色帽子就要怀疑一切，鸡蛋里面挑骨头，不断地对事物予以否定和批判。

红色表达着热情和感性，戴上了红色帽子就要任由负面情绪的表达，尽情宣泄直觉和感受。

绿色象征着希望和生命，戴上了绿色帽子就要打破禁制，敢于想象，富有创新能力和想象力。

蓝色意味着逻辑和管控，戴上了蓝色帽子就要认真思考帽子的出现顺序，对整个过程予以规划和调控，并得出负责任的结论。

六顶帽子代表了六种角度的思维，有收有放，有聚有散，被誉为最有效的创新思维训练工具。

　　"开启新视角"和"六顶思考帽"的练习分别针对两个层级来扩大开放心态，前者是关于工作角色改变，后者是关于不同背景的人对同一件事情的不同观点。思路开放有助于把多个内容完美地连接起来，实现创新。应该大大加强这种开放性，弱化竞争性，减少画地为牢、敝帚自珍、自以为是的研究，让真正有价值的创新脱颖而出。

（四）要素 4：STRESS TOLERANCE（愿意承担探索新领域时的焦虑与不安）

　　不熟悉的情况、不同的观点或充满压力的任务往往让我们感到焦虑。提高我们在探索新领域时对焦虑和不安的承受力，可以帮助我们克服这些感受，并以自信的态度和明确的目的探索未知领域。

　　练习方法：

　　·控制您的情绪。取消的班机、失败的实验或遭受到质疑，这些常见的情景经常使我们情绪失控。这一练习可以帮助您重新审视情况，并以更有建设性的方式来面对问题。

　　·对您重要的是什么。价值卡片练习概括了您可以根据个人相关性选择的一系列原则。您的决定将帮助您更好地理解和认知您生活中的优先事项，并提高您在探索新领域时对焦虑和不安的整体承受能力。

　　这个要素是好奇心要素里面的保证性要素，前面三个要素都是获得性要素。在"对您重要的是什么"这个练习里，练习者被要求在 5 秒之内就一对价值卡片做出选择，靠直觉选择，5 秒换一对，直到最终筛选出来你的价值观里最为显著的特色。这很重要，因为以前我们只是对自己的价值观有个粗略而模糊的判断，没有方法知道细节。知道了自己的价值观所在，也就知道如何避开让自己产生负面情绪的事情，或者能够及时调整情绪，以免干扰自己的好奇心和探索。好奇心就像一棵弱小的禾苗，需要倍加呵护。为了不让自己变成一个毫无探索精神的人，克服负面情绪至关重要。

第五节　养成问题意识　富有质疑精神

案例与分析

案例直击

《教师报》曾以《教"聪明"了还是教"傻"了》为题记述了这样一件事：有一次，美国的一个教育代表团到上海考察。为了显示中国教育教学的最高水平，有关部门精心挑选了一所重点中学，特别安排了一位资深特级教师上课。在整个教学过程中，教师发挥得淋漓尽致，师生的对话交流天衣无缝，课堂气氛活而不乱，笑声、掌声不时响起。临下课时，教师问："同学们还有问题吗？""没有了。"全班学生异口同声地回答。这时下课的铃声响起，全场掌声雷动。

评课时，中方专家盛赞这节课"精彩极了"，而美方代表却始终一言不发。送行时，中方代表对于美方代表不置一词的态度再也忍不住了，说："那堂课怎么样，你们总得说句话呀。""我觉得那堂课糟糕透了。"美方代表中的一位终于开了金口，"课一开始，学生表现出了极强的探究精神，可是课上完后，学生却一个问题都没有了。这不是把学生的探究精神给扼杀了吗？"

案例评析

创新型教师一定是有强烈的问题意识和批判的质疑精神的。因为问题意识和质疑精神也是我们今天对于学生素质的构成要求。教师的职业本身以及教育教学的需要，也督促着教师将问题意识、批判意识、质疑精神、探究精神注入与学生的教学互动和学习交流之中，进而培养具有创新精神和创新能力的学生。问题意识是创新活动中的重要起点，创新始于问题意识。

理论与应用

◎ 理论导航

一、创新始于问题意识

这里有一个关于问题意识的经典案例——"谁是最好的学生?"

维特根斯坦是大哲学家穆尔的学生。一天,另一位大哲学家罗素问穆尔:"谁是你最好的学生?"穆尔毫不犹豫地回答:"维特根斯坦。""为什么?""因为在我的学生中,只有他一个人在听我的课时,老是流露出迷茫的神色,老是有一大堆问题。"

后来,维特根斯坦的名气超过了罗素。一次,有人问他:"罗素为什么落伍了?"

维特根斯坦回答:"因为他没有问题了。"

当一个人心里没有问题了的时候,他的思想就停滞了,他的进步也就停止了。

(一) 问题意识

所谓问题意识,是指人们在认识活动中,经常意识到一些难以解决或疑惑的实际问题及理论问题,并产生一种怀疑、困惑、焦虑、探索的心理状态,这种心理又驱使个体积极思维,不断提出问题和解决问题。思维的这种问题性心理品质称为问题意识。发明创造始于问题。问题意识引发人们对某些事物进行积极的探讨,从而慢慢形成创新的兴趣。从根本上看,创新行为是在问题意识的引导下发生的。我们甚至可以说,没有问题意识,也就没有真正意义上的创新行为。苏格拉底说得好:"问题是接生婆,它能帮助新思想的诞生。"若认为某一事物没有问题,就不需要去改进,就不需要去创新。问题意识又称质疑意识。发现问题需要求异与质疑,谁不敢或不善于求异与质疑,谁就无法发现问题。没有对常规的挑战,就没有创新。而对常规的挑战的第一步就是质疑，它是发现真理、发展真理的必经环节和必经过程。

（二）创新者要有强烈的问题意识

一切创新都始于问题，没有问题就不需要创新，不能发现问题就无法进行创新，因而发现问题的能力在创新中的作用是显而易见的。一个创新者应该经常能在一个普通的理论、普通的事物或普通的产品中发现大量的问题，包括已知的问题和未知的问题、细小的问题和重大的问题、理论上的问题和现实中的问题以及现象的问题和本质的问题等。有意识地发现问题，在很大程度上应特别着眼于人们普遍认为已经解决了的问题，甚至从人们认为根本就不存在问题的地方或方面去发现问题。创新活动的实践表明，越是在这样的地方，往往越是隐藏着一些尚待深入认识的问题，只要人们认真地、创造性地进行挖掘，那么在这些地方所发现的问题很可能就是一些重大的问题，甚至是关键性或者突破性的问题。爱因斯坦正是在当时人们全都认为没有问题的"时间"上寻找到了深层次的突破性问题，最后创立了相对论。

（1）创新者要有强烈的问题意识。几乎所有因机遇而产生创新的人，其头脑中都存在强烈的问题意识。他们事先都经历过长时间的思考和探索，因而保持着高度警觉，时时留心意外之事。就是说，在科学研究和创新过程中，人应当随时做好各种准备。机遇，仅仅是向研究者提供一个机会而已。

（2）创新者要有科学的批判精神。要具备不受传统观念、权威、教条束缚的批判精神，就需要有广博的知识和经验作为基础，否则，机遇即使碰到你的鼻子也会很快溜走。事实证明，在人们的创新过程中，新颖的机遇经常与传统的成见相遇，只有随时准备突破传统观念、突破权威和教条的人，才容易抓住机遇并获得成功。

二、质疑精神与创新潜力密切相关

质疑与自信是密切相关的，自信的人往往比较容易质疑。质疑就是一种怀疑，是指能够对一种理论、一个产品或一个事物提出各种不同问题的品格。提出问题是创新活动的第一步，因而质疑与创新潜力的开发密切相关。质疑在创新中的表现多种多样，归结起来主要有如下三个方面。

（一）对一些保守习惯和传统产生怀疑

所谓习惯，是指人们对过去已学到的并无须思考或决定的内容而采取的一种自动反应，它是在不太自觉的情况下所进行的重复行为，常表现为用过去的思想或方法来对待当前的所为。在一般情况下，这样解决问题可以不动或少动脑筋，因而有利于常规事务的处理和重复性工作的开展。但是，正因为习惯总是使人们用昨天的老方式解决今天的问题，因而完全遵照习惯就很难有新意。完全按习惯办事甚至不敢越出习惯一步的人，会严重阻碍自己创新能力的发挥。思维上的习惯是开发创新潜力的大敌。习惯思维很重的人，常不自觉地按照自己的习惯思维程序思考问题，久而久之便逐渐形成习惯思维定式。研究表明，习惯思维定式容易使人的思路闭塞，人一旦进入习惯思维定式之中，往往就会陷入"考虑的次数越多，重新采用新思路解决问题的可能性反而越小"的困境。因此，要开发创新潜力，就必须用质疑精神对待习惯。

传统，是指科学相继关系中一种量的积累，其作用是能使知识得以延续和储存，因此传统在科学上显得非常重要。传统和习惯可说是一对"孪生兄弟"，严格遵守传统而不善于质疑的人是难以有所创新的。只有打破习惯、传统的束缚和限制，才有助于创新潜力的开发。

（二）不迷信专家和权威

对于专家、权威所说的话和所写的书，对于他们的结论和做法等决不盲从。英国哲学家、数学家罗素（B. Russell）有一次来中国给社会科学工作者讲学。他登上讲台，首先提出了一个问题："2＋2＝?"下面听课的数百人面面相觑、无人作答。最后，还是罗素自己说："2加2等于4嘛!"这就告诉我们，如果对权威崇拜、迷信到连最基本、最简单的事实也不敢认定的地步，那怎么能够开发自己的创新潜力呢？

事实上，权威也是人，是人就难保不犯错误，科学史上大权威犯"小"错误的事例为数不少。爱迪生就多次指出交流电太危险，并当万人之众用交流电将狗击毙的事实来说明交流电无法用于家庭。美国化学家莱纳斯·卡尔·鲍林（L. C. Pauling）是 1954 年诺贝尔化学奖得主，但他在研究遗传基因 DNA 时却出了一个天大的笑话：他居然"忘记"了 DNA 是一种酸。被认为是核物理学之父的物理学家卢瑟福（E. Rutherford）虽然清楚地知道原子核内部蕴藏着极大的能量，但他却说："那些指望通过原子核衰变而获得能量的人都在胡说八道。"

我们应当承认权威的重要性，然而对于权威决不能发展到迷信的程度。英国皇家学会的会徽上就有着一行耐人寻味的字："不要迷信权威、人云亦云。"显然，这是对创新者的忠告和激励。一代画师齐白石曾说过："学我者生，似我者死。"他不希望人们处处迷信并仿效他，相反，却鼓励人们敢于对权威质疑、敢于走自己的道路。亚里士多德很尊重他的老师柏拉图，但决不盲从，他说："吾爱吾师，吾更爱真理。"

（三）敢于和能够提出各种问题

屈原在《天问》中一口气提出了 170 多个问题，其中就有不少成为后来科学家、哲学家们思考和研究的课题。物理学家李政道在同中国科技大学少年班学生谈话时指出："为什么理论物理领域中做出贡献的大都是年轻人呢？就是他们敢于怀疑，敢问。"

要敢于提各种各样的问题，甚至包括一些在当时看来有些"荒唐"的问题。这样做的本身，实际上就是对自己创新潜力的开发。法国作家巴尔扎克有句名言："问号无疑是打开一切科学大门的钥匙。"亚里士多德也说过，疑惑是智慧的开端，敢于提出问题、善于提出问题，无疑是激发创新潜力的有效措施。所以，要开发创新潜力，就要培养人们的质疑精神，就要鼓励人们多提问题、多问问题。学问学问，既要学也要问。传统教育十分重视教"学"而忽视了教"问"，甚至反对教"问"。一系列教"问"的做法可以开发许多人的创新潜力，取得较满意的效果。当然，开始时可不必追究所提问题的正确与否，要求人们只许提"正确"的、"合理"的问题，其实质无异于不让人提问题。即使是一些大科学家、大发明家，最初提出的问题在当时看来也未必都很正确，甚至很不正确。因此，从提倡质疑精神的角度来看，更不该苛求一般人提出的质疑。

🌸 **行动研修**

一、教师首先要树立正确的问题意识

培养学生的问题意识，首先教师自己必须有问题意识。现实中，一些教师自己就缺乏较强的问题意识，不能或不善提出有质量的问题。在教学活动中，他们人书一体，成了教材的化身，成了教学参考资料的代言人。教师没有了质疑的习惯和能力，那培养学生的问题意识也就成了奢谈。所以学生问题意识的培养，教师必须先行一步，不断提高自己的教研能力，做一个有思想的人。在部分教师的观念中，认为课堂上多提问题，多问几个"为什么"，就是培养学生的问题意识，就是启发式教学。其结果是课堂发问的泛化，问问答答中充满了大量的是非问和填空问。不少问题根本不需思考，有的甚至"照本宣科"就能应答自如，看起来课堂上热热闹闹，但学生思维的效率极低。这实质上仍然是填鸭式的满堂灌，毫无意义。只有科学地设置问题情景，适时、适量、适度地处理好问题材料，使学生进入适宜的教学状态，才有利于问题意识的培养。同时要注意，培养学生的问题意识，不是单纯依靠教师去问学生，更要培养学生独立设问的能力和态度。

二、重视培养问题意识

培养问题意识，一方面要多观察，不放过任何疑点，养成爱琢磨、爱钻研、勤学好问的习惯；另一方面要求人们注意培养对问题的敏感性。对于现实生活中的许多现象，很多人熟视无睹，而有人却善于观察，从而发现问题，有所创新。对于苹果落地，人们习以为常，而牛顿却对这样的现象产生了疑问，进而发现了万有引力定律；水开了，锅盖被顶起，大家司空见惯，瓦特却由此发明了蒸汽机。因此，处处留心皆学问，凡事都问个为什么，就能有所发现，有所创新。

而所谓问题的敏感性指的是对知识的空白、事物缺陷的敏感。科学始于问题，在科学研究中，发现问题有时比解决问题还要重要，有时能发现问题就意味着问题解决了一半。也往往由于人们发现了一些不完善、不完美的方面，并对这些方面加以克服，就产生了新的创造和发明。因此，培养人们对问题的敏感性是形成问题意识的应有之意。

三、掌握培养问题意识的方法

要产生问题，首先要培养怀疑精神，增强怀疑意识。笛卡尔曾说："要追求真理，我们必须把一生中所有事物都怀疑一次。"增强怀疑意识的措施主要有以下两点。

（一）方法生疑

台湾著名教育家陈龙安教授集多年教学经验和研究成果，提出了创新思维发问技巧"十字口诀"，即"假列比替除，可想组六类"。

"假"——"假如"的问题，即要求人们对一个假设的情境加以思考，可用人、地、事、物、时（过去、现在、将来）的假设发问。

"列"——"列举"的问题，即列举出符合某一条件或特性的事物或资料，越多越好。

"比"——"比较"的问题，即就两项或多项资料特征或事物比较其异同。

"替"——"替代"的问题，即用其他的字词、事物、含义或观念取代原来的资料。

"除"——"除了"的问题，即针对原来的资料或答案，鼓励人们突破陈规，寻找不同的观念。

"可"——"可能"的问题，即要求利用联想推测事物的可能发展，或做出回顾与前瞻。

"想"——"想象"的问题，即鼓励充分运用想象力于未来的事物。

"组"——"组合"的问题，即提供一些资料（字词、事物、图形等），要求加以排列，组合成另外有意义的资料。

"六"——"六 W"的问题，即利用英文中的 Who（谁）、What（什么）、Why（为什么）、When（什么时候）、Where（哪里）、How（如何）来发问的题目。

"类"——"类推"的问题，即将两项事物、观念或人物直接比拟，以产生新观念。

（二）讨论生疑

讨论的过程实质是相互竞争、相互诱导、相互激活的过程，创新思想和想象在讨论中一旦触发，就能迸发出创新思维的火花，甚至可以形成汹涌的创新思维浪潮，激发人们从多角度、多层次去思考问题，产生一个又一个问题。如头脑风暴法就是讨论生疑的一个重要方法。头脑风暴法是指导思维高度活跃，打破常规的思维方式而产生大量创新设想的状况，特点是让参与者敞开思想，使各种设想在相互碰撞中激起脑海的创新风暴。

四、如果提不出问题，还应该怎么办

一是要勤思，勤思则疑，问题促使思考，思考带来幸福。哲学家德谟克利特说："宁可找到一个因果的解释，也不愿获得一个波斯王位。"质疑是通过思考而产生的，对事物要多问几个"为什么"，只要养成了遇事质疑的品格和寻根究底的习惯，自然就会产生很多的问题。南宋理学家朱熹曾论述过从书中求疑的过程："读书须是子细，逐句逐字要见着落。若用工粗卤，不务精思，只道无可疑处。非无可疑，理会未到，不知有疑尔。""读书，始读，未知有疑；其次，则渐渐有疑；中则节节是疑。过了这一番，疑新渐释，以至融会贯通，都无所疑，方始是学。"所以，勤思则会生疑。疑则进，小疑则小进，大疑则大进。要开发创新潜力，首要的是勤思。

二是不要满足于现状。鲁迅曾讲过："不满是向上的车轮，能载着不自满的人前进。"不满足是我们活力的源泉，是发展和发明的原动力。人们只要对于日常使用的各种工具、产品、装置、设备的性能等永不满足，对老师所讲、

对专家所认可的知识永不满足，对于书本上的东西永不满足，就必然会产生一种创新的动力。在创新过程中要有永不满足的心理欲望，要保持追求创新的"饥感"，这样就一定能提出大量的问题。

三是要想生疑和提出问题，有时还得吹毛求疵。在传统习惯中，"吹毛求疵"一词多具贬义。然而，在创新过程中有时还真需要吹毛求疵。有意识地这样做，往往会在大多数人认为毫无疑问的地方发现问题，经常会在人们熟视无睹的地方找出症结，从而做出创新。

第三章

教师创新思维训练

第一节　明确创新思维　生成创新智慧

案例与分析

案例直击

在瑞典乡村的一所学校里，当孩子们听说随着南半球雨林的毁灭，许多小动物正濒临死亡时，显得很丧气，因为他们觉得没有机会看到雨林了。于是班级里有一位小男孩提出了一个大胆的建议："为什么不买下雨林来保护它们呢？""这简直是异想天开，怎么可能呢？"老师这样想，但并没有说出来。老师说："是个好主意，但是怎么能筹到那么多钱呢？"这时候，全班的小朋友都在想办法。一个学生说："老师，我们可以创作关于保护雨林的歌曲，然后去公开表演，可以筹集一部分钱。"还有学生说："我们可以出去讲演，向别人说明情况，也可以筹到钱。"有一个学生甚至说："我们可以通过互联网发出倡议，希望全球的人都来关注这个问题，希望大家都可以出钱来拯救我们的雨林……"

案例评析

人类的所有创新活动都离不开思维的参与。创新思维更是宛如给人的创新活动插上了一双自由翱翔的翅膀。创新思维是指以新颖独创的方法解决问题的思维过程，通过这种思维，人能突破常规思维的界限，以超常规甚至反常规的方法、视角去思考问题，提出与众不同的解决方案，从而产生新颖的、独到的、有社会意义的思维成果。创新思维活动是人的创新能力得以发挥和创新成果得以形成的决定因素，可以说，创新思维是创新的核心。创新思维能力的大小，在很大程度上决定了人的创新能力的大小。

理论与应用

◎ 理论导航

恩格斯曾经说过："思维是地球上最美丽的花朵。"思维是人类区别于其他动物的最根本特征之一。思维是一种高级的认识活动，思维能够反映事物的本质，能够反映事物之间的本质联系和规律。思维方式对创新影响最为直接。在学习上，谁善于创新思维，谁的脑子就灵；在工作上，谁善于创新思维，谁的办法就多；在事业上，谁善于创新思维，谁的天地就宽。一般说来，思维方式决定一个人的命运与前景。如善于逻辑思维、应变思维的人，可以搞外交；善于灵感思维、顿悟思维的人，可以搞创作；善于比较思维、批判思维的人，可以做学问；善于宏观思维、战略思维的人，可以做领导；善于风险思维、竞争思维的人，可以做企业家。

一、创新思维的含义

创新的目的是要产生前所未有的、有价值的精神或物质产品。创新思维是指创新主体在强烈的创新意识驱使下，通过综合运用各种思维方式，对头脑中的知识、信息进行加工组合，形成新的思想、新的观点、新的理论的思维过程。简言之，凡是突破传统思维习惯，以新颖独创的方法解决问题的思维过程，都可以称为创新思维。这种独特的思维常使人产生独到的见解和大胆的决策，获得意想不到的效果。

创新思维是相对于传统性思维而言的，创新思维是所有人都有的，但不是所有的人都能够用它，大量的创新思维被埋没了。平常人是传统性思维、常规性思维占主导，所以思维中的创新力发挥不出来。而具有创新思维的人可以想别人所未想、见别人所未见、做别人所未做的事，敢于突破原有的框架，或是从多种原有规范的交叉处着手，或是反向思考问题，从而取得创造性、突破性的成就。创新思维需要人们付出艰苦的脑力劳动。一项创新成果的取得，往往需要经过长期的探索、刻苦的钻研，甚至多次的挫折，而创新思维能力也要经过长期的知识积累、智能训练、素质磨砺才能具备。创新思维过程还离不开推理、想象、联想、直觉等思维活动。

二、创新思维的特征

（一）独创性或新颖性

创新思维贵在创新，它或者在思路的选择上，或者在思考的技巧上，或者在思维的结论上，具有"前无古人"的独到之处，具有一定范围内的首创性、开拓性。具有创新思维的人，对事物必须具有浓厚的创新兴趣，在实际活动中善于超出思维常规，对"完善"的事物、平稳有序发展的事物进行重新认识，以求新的发现，这种发现就是一种独创，一种新的见解、新的发明和新的突破。

（二）灵活性

创新思维并无现成的思维方法和程序可循，所以它的方式、方法、程序、途径等都没有固定的框架。进行创新思维活动的人在考虑问题时可以迅速地从一个思路转向另一个思路，从一种意境进入另一种意境，多方位地探索解决问题的办法，这样，创新思维活动就表现出不同的结果或不同的方法、技巧。创新思维的灵活性还表现为人们在一定的原则界限内的自由选择、发挥等。

（三）艺术性

创新思维活动是一种开放的、灵活多变的思维活动，它的发生伴随有想象、直觉、灵感之类的非逻辑、非规范思维活动，而想象、灵感、直觉等往往因人而异、因时而异、因问题和对象而异，所以创新思维活动具有极大随机性，他人不可以完全模仿、模拟。创新思维活动的上述特点同艺术活动有相似之处，艺术活动就是每个人充分发挥自己的才能，包括利用直觉、灵感、想象等非理性的活动。

（四）潜在性

创新思维活动从现实的活动和客体出发，但它的指向不是现存的客体，而是一个潜在的、尚未被认识和实践的对象。例如在改革浪潮席卷全球的今天，无论是发达国家还是发展中国家，都在寻求适合本国国情的改革之路。这条路究竟怎么走，各国正在探索，即各国分别依据本国所面临的各种现实情况，进行创新思索，大胆试验。所以，这条路至今还不太清晰，还是潜在的，或处于由潜在向现实的不断转变之中。

（五）风险性

由于创新思维活动是一种探索未知的活动，因此要受到多种因素的限制和影响，如事物发展及其本质暴露的程度、实践的条件与水平、认识的水平与能力等，这就决定了创新思维并不能每次都能取得成功，甚至有可能毫无成效或者做出错误的结论。创新思维活动的风险性还表现在它对传统势力、偏见等的冲击上，传统势力、现有权威都会竭力维护自己的领土，对创新思维活动的成果抱有抵抗的心理，甚至仇视的心理。

三、创新思维的主要形式

思维形式很多，有顺向思维、逆向思维，求同思维、求异思维，收敛思维、发散思维，横向思维、纵向思维，形象思维、抽象思维，灵感思维、直觉思维，逻辑思维、非逻辑思维，线性思维、非线性思维等。如果这些思维有助于你创新，则就是创新思维。所以，创新思维就是有助于成功创新的新思维，是一种想别人没有想到的思维。创新思维的重要诀窍在于多角度、多侧面、多方向地看待和处理事物、问题和过程。下面介绍几种重要的创新思维形式。

（一）逆向思维

逆向思维（converse thinking）也叫求异思维，它是对司空见惯的似乎已成定论的事物或观点反过来思考的一种思维方式。敢于"反其道而思之"，让思维向对立面的方向发展，从问题的相反面深入地进行探索，树立新思想，创立新形象。当大家都朝着一个固定的思维方向思考问题时，你却独自朝相反的方向思索，这样的思维方式就叫逆向思维。人们习惯于沿着事物发展的正方向去思考问题并寻求解决办法。其实，对于某些问题，尤其是一些特殊问题，从结论往回推，倒过来思考，从求解回到已知条件，或许会使问题简单化。

例：司马光砸缸的故事就是运用了逆向思维。有人落水，常规的思维模式是"救人离水"，而司马光面对紧急险情，运用了逆向思维，果断地用石头把缸砸破，"让水离人"，救了小伙伴的性命。

（二）发散思维

发散思维（Divergent thinking）又称辐射思维、扩散思维，是指大脑在思维时呈现的一种扩散状态的思维模式，它表现为思维视野广阔，思维呈现出多维发散状。如"一题多解""一事多写""一物多用"等方式，可培养发散思维能力。

吉尔福特认为，创新思维的基础是发散思维。他指出，由发散思维表现出来的行为，代表一个人的创新能力，这种能力具备变通性、独特性和流畅性三个特征。所谓思维的变通性，是指具有创新能力人的思维变化多端、举一反三、一题多解、触类旁通。所谓思维的独特性，是指对问题能够提出不同寻常的独特、新颖的见解。所谓思维的流畅性，是指思维的敏捷性或速度，也就是说，创新能力高的人，思维活动则多流畅、少阻滞，能在短时间内表达众多的发散思维，能从不同方向、不同角度思考问题。人的发散思维能力是可以通过锻炼而提高的，其要点是：首先，遇事要大胆地敞开思路，不要仅仅考虑实际不实际、可行不可行，这正如一个著名的科学家所说："你考虑的可能性越多，也就越容易找到真正的诀窍。"其次，要努力提高发散思维的质量，单向发散只能说是低水平的发散。其三，坚持思维的独特性是提高发散思维质量的前提，重复自己脑子里传统的或定型的东西是不会发散出独特性的思维的。只有在思维时尽可能多地为自己提出一些"假如""假设""假定"等，才能从新的角度想自己或他人从未想到过的东西。

例：鱼的吃法有哪些？有煎、蒸、油炸、烧鱼汤、醋熘、生鱼片、腌、晒鱼干等，这就是发散性思维。

（三）收敛思维

收敛思维（convergent thinking）又称聚合思维、集中思维。收敛思维也是创新思维的一种形式，与发散思维不同。发散思维是为了解决某个问题，从这一问题出发，想的办法、途径越多越好，总是追求还有没有更多的办法。而收敛思维也是为了解决某一问题，在众多的现象、线索、信息中，向着问题的一个方向思考，根据已有的经验、知识或发散思维中针对这个问题的最好办法，去得出最好的结论和最好的解决办法。

例："过河"这个问题如何解决呢？一般先进行发散思考：架桥、筑坝、打隧道、摆渡、泅水、绕道上游、乘直升机、乘气球漂过去等。然后进行收敛思考，选择最合适的方案，比如架桥。至此，问题并没有解决，还要进行第二次发散思考：架什么样的桥？木桥、铁桥、水泥桥还是石桥？再进行第二次收敛思考，选择适合于当时当地的方案，比如架水泥桥。此时，问题仍没有解决，还要进行第三次发散思考：这水泥桥架在什么地方最合适？在乡政府门口、集市附近，还是靠近中心小学？再进行第三次收敛思考。接着进行第四次发散思考：桥的跨度、高度、式样等应该如何？然后在多种设计图纸中选择最佳方案。但这只是纸上的东西，要把桥造好，还要考虑各种材料的购取、施工队伍的选择、建桥期限、建桥费用等方面内容。所有这些无不需要采用发散—收敛—再发散—再收敛的多次循环，才能解决。

在创新活动中，我们既要充分重视思维的发散性，又要善于进行思维的收敛，做到发散度高、收敛性好，这样才能提高我们的创新思维水平。

（四）横向思维

横向思维（lateral thinking），顾名思义，是指人的思维有其横向、往宽处发展的特点。具有这种思维特点的人，思维面都不会太窄，且善于举一反三。有个形象的比喻，这种思维就像河流一样，遇到宽广处，很自然地就会蔓延开来，但欠缺的是深度。横向思维是一种突破问题的结构范围，从其他领域的事物、事实中得到启示而产生新设想的思维方式。由于改变了解决问题的一般思路，试图从别的方面、方向入手，其思维广度大大增加，有可能从其他领域中得到解决问题的启示，因此，横向思维常常在创新活动中起到巨大的作用。

例：挖一口水井，费了很大的力气，挖得很深，仍不见出水，怎么办？对于大部分人来说，放弃太可惜，于是他们继续挖，挖得更深后仍不见出水，但更加不愿意放弃。他们总是用这样的话鼓励自己："快了快了，马上就会出水，坚持就是胜利！"这就是采取了纵向思维。而采取横向思维的人认为，首先要找准井的正确位置，一旦发现位置选错而不出水时，应该果断放弃，另寻新址。

很多富有创造性的设想都源于广泛涉猎多个领域，眼睛只盯着一个问题领域，往往会阻碍自己发现更新鲜的领域。我们可以将多种多样的或不相关的要素捏合在一起，以期获得对问题的不同创见。我们还可以将两个或多个并列的事物交叉起来思考，将二者的特点结合起来，使之形成一个新事物。

（五）纵向思维

所谓纵向思维（vertical thinking），是指在一种结构范围内，按照有顺序的、可预测的、程式化的方向进行的思维形式，这是一种符合事物发展方向和人类认识习惯的思维方式，其遵循由低到高、由浅到深、由始到终等线索，因而清晰明了，我们在平常的生活、学习中大都采用这种思维方式。将思考对象从纵的发展方向上，依照各个发展阶段进行思考，从而设想、推断出进一步的发展趋向的思维方法，叫作纵向思维法。纵向思维的特点为：从现象入手，从一般定论入手，做深发展式的剖析。如果将纵向思维放到时间的维度上，便可产生"由昨天看到今天或明天"的效果，也就是说，纵向思维可以使我们具有某种程度的预见性。简单地说，纵向思维是利用逻辑推理直上直下地思考，而横向思维是当纵向思维受阻时大脑"急转弯"，在横向思维中去发现富有创造性的目标或答案。横向指的是"全面思考"，纵向指的是"深入分析"。

例：我们每天都要用到电灯开关，如果我们不去思考，它只不过也就是那么一个简单的电源开关，起着开关灯的作用。但如果你对电灯开关做进一步的纵向思考，就会有意想不到的收获：电灯开关→声控电灯开关→光控电灯开关→声、光双控电灯开关→声、光、手动三控电灯开关，按这样的思路纵向深度思考，或许你就会发明一种新型的电灯开关。

（六）逻辑思维

逻辑思维（logical thinking）是思维的一种高级形式，是指符合世间事物之间关系（合乎自然规律）的思维方式。我们所说的逻辑思维主要指遵循传统形式逻辑规则的思维方式，常称它为抽象思维（abstract thinking）。逻辑思维是一种确定的而不是模棱两可的，是前后一贯的而不是自相矛盾的，有条理、有根据的思维。在逻辑思维中，要用到概念、判断、推理等思维形式和比较、分析、综合、抽象、概括等方法，而掌握和运用这些思维形式和方法的程度，也就是逻辑思维的能力。

逻辑思维是人们在认识过程中借助于概念、判断、推理反映现实的过程。它与形象思维不同，是用科学的抽象概念、范畴揭示事物的本质，表达认识现实的结果。逻辑思维要遵循逻辑规律，主要包括形式逻辑的同一律、矛盾律、排中律，辩证逻辑的对立统一、质量互变、否定之否定等规律，违背这些规律，思维就会发生偷换概念、偷换论题、自相矛盾、形而上学等逻辑错误，认识就是混乱和错误的。逻辑思维是人脑的一种理性活动，思维主体把感性认识阶段获得的对于事物认识的信息材料抽象成概念，运用概念进行判断，并按一定逻辑关系进行推理，从而产生新的认识。

（七）灵感思维

灵感思维是创新思维的又一种表现形式。灵感思维是人们的创新活动达到高潮后出现的一种最富有创造性的飞跃思维。灵感思维常常以"一闪念"的形式出现，并往往使人们的创新活动进入一个质的转折点。大量研究表明，灵感思维是由人们的潜意识思维与显意识思维多次叠加而形成的，是人们进行长期创新思维活动所达到的一个突破阶段，很多创新成果都是通过灵感思维形式而最后完成的。所以，有人把灵感的到来看作狭义的"创新"，这是有一定道理的。

灵感思维引发的随机性，是指灵感既不会像具有必然性的逻辑思维那样可以有意识地如期导出，也不会如同想象思维那样可以自觉地进行思索，它可能是由创新者事先想不到的原因而诱发产生的一种思维。究竟是什么东西，又是怎样引起了人们的灵感，目前还难以说得清楚。但可以肯定的是，不同人的灵感往往是在不同的情况下产生的，即使同一个人的灵感也可能在不同的条件下出现。于是，灵感就显得难以预料、难以捉摸，甚至连创新者本人也很难自觉地意识到在何时何地会产生何种灵感。这就是灵感的随机性（或者叫偶然性）。例如爱因斯坦有一次在朋友家饭桌旁与主人讨论问题时，忽然间来了灵感，他便立即拿起笔，迫不及待地在朋友的新桌布上写起公式来。灵感出现的这种随机性，往往给灵感思维抹上了一层神秘的色彩。

灵感往往是以"一闪念"的形式出现的，它常常转瞬即逝。苏轼的"作诗火急追亡逋，情景一失后难摹"诗句，即是对灵感瞬时性的生动写照。因此，灵感一旦出现，就要立即抓住。英国女作家勃朗特年轻时经常在厨房里劳动，她每次都带着纸和笔，随时准备把脑海中涌现出来的灵感写下来。据说，奥地利作曲家约翰·施特劳斯的世界名曲《蓝色多瑙河》，就是他在灵感到来之际匆匆写在衬衣袖口上的。可见，随身携带笔和小本子，是一种人们捕捉灵感普遍使用的好方法。

❀ 行动研修

一、创新思维的激励

为了提高人们的创新思维能力，除进行必要的创新思维训练和练习掌握一般创新思考方法以外，对创新思维实施若干激励也是十分重要的。

（一）激发自己的创新欲望

创新欲望是人们心理上的一种强烈的发现问题和解决问题的意识，是一种"敢为天下先"的心理状态。人们有了创新欲望，就会强化练习自己的创新思维，从而找出具体思考方法，产生创新成果。要激发自己的创新欲望，重要的是坚信自己具有创新潜力。这一条看似容易，但做起来很难。有不少人一开始常怀疑自己的创新潜力；有些人虽然一开始不怀疑，但是在创新中一旦遇到某些困难或挫折时，却常会问自己："我真能行吗？"可见，要真正相信自己有创新潜力，仅仅在口头上承认"相信"还是远远不够的，更重要的是通过思考和实际行动证实自己的"相信"，有了这种强烈信念的指导，人们就会激发出自己的创新欲望。

要培养创新欲望，必须使头脑经常处于活动状态，并逐步树立起创新的动机。比如人们应该经常反复地问自己"我能创新什么""什么东西需要我去创新""我怎样进行创新"等。大脑经常处于这种被激发状态之下，一旦遇到机遇或可能，有些问题就自然而然地进入脑海而不会轻易溜掉。所以，要激发创新欲望，自己就要经常思考。同样是人，有的人善于抓住机会并大有成效、步步成功；有的人却坐失良机、节节败退，究其原因，有无创新欲望常是关键所在。如果没有强烈的创新欲望，即便是知识很渊博的人，最多也只能起到一个知识库的作用，而很难会有什么创新成果。据此，很多人都把强烈的创新欲望看成创新的必要催化剂和强大的驱动力。

（二）善于暂时忘掉一些已知的东西

在培养自己的创新思维的过程中，有时会出现这样的情况：要激发出创意，产生新设想并不难，难的是能否丢掉那些曾为自己出过力，甚至创造过辉煌，但很快就要过时、落伍的想法和做法。在有些情况下，人们头脑中已知的东西常会形成思维障碍，因此，有意识地忘掉一些东西常常能够激励一个人的创新思维。可以说，遗忘和记忆对于一个人的成功是同等重要的。人只有善于（注意：是"善于"而不是"随便"）暂时忘掉已知的东西，才能更多地得到未知的东西，只有主动地防止先入为主的倾向，才可能更好地进行创新思维。美国加利福尼亚州门罗公园中的"创造性思考"公司的创办人兼总经理伊区曾经强调说："我们有能力忘掉已知的……否则，我们脑海中必定塞满了既定的答案，那就不会有机会问一些能引导新方向的问题。由于这些心智枷锁都是学习得到的，打开心智枷锁的一个关键就是暂时忘掉它们，把我们心智的杯子空出来。"

知识是创新思维的必要材料和基础，然而，仅仅从知识本身来说，它并不会使一个人具有非凡的创新能力。创新需要灵活运用已有知识，创新更需要突破原有的知识，在突破时就不能受原来知识条条框框的限制。因此，善于忘却十分重要。

（三）不要盲从于群体思维

某电视台记者曾在上海最热闹的豫园做过一个实验：先由一人突然抬头注视天空的某一点，片刻就会有数人跟着观看，随后就有数十、数百人抬头寻找，尽管天空中根本没有什么值得特别注意的东西，但仰视的人却越来越多，有人甚至还用手指指点点，彼此讨论着什么。最后该记者问观看者在看什么东西时，人们却异口同声地回答："不知道！"当问及"不知道为什么还要看"时，人们答道："我看别人都在看，我也就看了。"

由此可见，大多数人都有一种从众心理。应该肯定，在一般情况下，这种心态并没有什么不好，它对于完成普通的工作、解决一般的问题都是很有利的。但是，在创新活动中，从众心理就会无形中使自己的思路沿着他人的轨道运行，从而限制自己思考，降低新"主意"产生的概率。因此，盲从和从众是进行创新活动的大敌，创新者应当独立自主地把握创新契机，以克服群体思维束缚，激发自己的创新思维。古今中外，伟大的创新发明者可以说没有一个是屈从于群体思维或盲从于他人思维的。

（四）注意适当游玩

要激发创新思维，适当游玩是应该的甚至是必要的。很多人有一种偏见，似乎一个发明创造者与游玩是绝缘的，好像要发明创造，就必须天天做实验，日日翻书本，时时想问题，好像休息和娱乐同创新没有任何关系。其实这是一种误解。游玩，特别是经过紧张工作和思考后的游玩，不仅可使人身心轻松、精神舒畅，也往往会诱发灵感，激发潜意识思维，产生创新设想。有人在研究游玩对于创新的作用后发现，游玩有时还会直接激发创新思维，特别是促进灵感思维的产生。这是因为人们在游玩中不必介意实事求是和墨守成规，不必害怕犯错误，因此思想常处于自由奔放状态，这种情况往往十分有利于创新思维的开展。

二、开发左右脑训练

创新思维和其他思维一样，都是人类大脑特有的功能。人的大脑分为左脑和右脑，根据科学家的研究，左脑管智商，具有逻辑思考、判断推理、管理知识等功能，所以又被称为知性脑或文字脑，右脑管情商，具有超高速反应、想象、灵感等功能，所以又被称为艺术脑或图像脑。创新思维的生成，既离不开智商，也离不开情商。立志于创新的我们，从现在开始，就要有意识地开发左右脑。

（一）开发右脑是为了提升情商

以下方法可以帮助开发右脑：多进行左身体运动。根据医学博士斯佩里的解剖实验，右脑掌管着左手、左脚、左耳等人体的左半身神经和感觉，故而，左半身体的运动有利于右脑发育。因此，可以在日常生活中有意识地使用左手或左脚，如用左手拿水杯，用左手打球，用左手完成洗脸、刷牙等洗漱行为，用左手写字、削水果、剪纸、画画，用左脚单腿跳跃等；尝试左右身体的协同合作，如用左手和右手同时写字，从简单的阿拉伯数字和英文字母开始，到一个字、一个词语，再到一段文字，左右手也可以同时进行绘画，从简单的线条，到花草树木，再到人物头像。进行图像冥想练习，经常闭目养神，任由思绪飞扬，并尽量把所想之事转化成图像呈现，每天都抽出一定的时间坚持图像冥想，久而久之会激发人们的想象力和创新力。

（二）开发左脑是为了提升智商

下列方法可以帮助开发左脑：多思考，遇到问题时善于把问题写在纸上，好记性毕竟抵不过烂笔头，并列出细节，逐一加以分析，将问题之间的逻辑关系梳理清楚，养成分析推理的好习惯；善计划，在做一件事情之前，把任务目标写出来，一定要区分总体目标和阶段目标，并做好实施细则，锻炼条理性、组织性和控制力；勤阅读，精细阅读一些逻辑性强的文章，锻炼复杂语言逻辑的分析理解能力；常计算，这个计算不是算计，而是一种数学能力，特别是文科的同学，一定要在这方面下功夫，多学学数理化知识。

在我国，传统的教育理念和教育实践造就了人们的左脑思维倾向，开发右脑的任务要更加艰巨和紧迫，我们很有必要加强右脑的开发，以助力创新思维。当然，创新思维的实现需要左右脑分工协作、密切配合，绝对不能厚此薄彼，在有针对性地练习的基础上，左右脑的开发要同时进行，保持一种动态的平衡，这样才能为创新思维的发展创造最好的条件。

三、创新思维训练：流畅＋变通＋独特＋辩证

创新的核心是创新思维，创新活动的过程从思维角度来看，也就是创新思维过程。对思维的流畅性、变通性、独创性和辩证性进行科学训练，可以有效地促进创新思维的发展。

（一）思维的流畅性训练

思维的流畅性体现了思维的丰富性。在短时间内产生的观念多，表明思维的流畅性好；反之，思维缺乏流畅性。

1. 用词的流畅性训练

例如在一定时间内说出尽可能多的含有规定的单字或字母的语词来。

2. 联想的流畅性训练

例如在限定时间内对一个指定的词说出尽可能多的意思及其同义词或反义词。

3. 表达的流畅性训练

例如按照句子的语法结构与语意要求，运用尽可能多的词汇造出一个句子来。

4. 观念的流畅性训练

例如在限定时间内提出尽可能多的满足一定要求的观念，即提出尽可能多的解决问题的方案。

前三种训练都要运用语言，最后一种既可借助语言，也可借助动作。训

练既可以个别进行，也可以集体进行，如"头脑风暴法"就是一种集体观念的流畅性训练方法。

（二）思维的变通性训练

思维的变通性体现了思维的灵活性，即屏弃旧的习惯思维方法，开创不同方向思维的能力。对思维的变通性训练可以采用以下几种方法。

1. 物体功能变通性训练

例如在一定时间内，对普通物体如桌子、木块等提出尽可能多的用途来。

2. 遥远联想变通性训练

例如能在表面看似不存在联系的事物间建立新联系。

3. 问题解决变通性训练

例如要求解决一系列问题，而其中每个问题的解决都需要运用一个不同的策略，从而增强思维的灵活性。

（三）思维的独特性训练

思维的独特性体现了产生不寻常的反应和不落常规的能力、重新定义或按新的方式对我们所见所闻加以组织的能力。对思维的独特性训练可以采用以下几种方法。

1. 命题独特性训练

例如对一段故事情节给出一个适当的又富有新意的题目，并且越有新意越好。

2. 后果推测独特性训练

例如给出一些独特性的事情，如"如果国家和地方的法律都突然被废止""在宇宙飞船上分娩"等，想象可能发生什么事。

3. 故事结尾独特性训练

例如给出一些短的故事或寓言，但缺少结尾，想出独特性的结尾来完成这些故事或寓言。

4. 问题解决独创性训练

对所提出的问题尽可能用与众不同的方法去解决。

（四）思维的辩证性训练

关于思维辩证性训练的研究，学术界尚在探讨之中。一般认为，归纳推理能力与演绎推理能力的训练对该问题的探讨有借鉴意义。

1. 归纳推理能力的训练

归纳推理是人类思维最为基本的形式之一。它是通过考察个别事物或现象具有的某种属性，从而推出该类事物或现象普遍具有该属性的过程。所以，归纳推理训练任务的基本形式是先呈示一组元素，然后要求归纳出它们的一个规则。

2. 演绎推理能力的训练

演绎推理是由一般推及特殊的过程，它是人的思维的一种重要的形式，反映了人类信息加工的基本特点。所以，演绎推理能力的提高被视为思维辩证性训练的主要内容。

掌握思维技能，并非一朝一夕能实现的，需要进行创新思维的整体训练。

四、其他创新思维训练

为了提升教师的创新思维，教师可以结合创新思维的几种模式以及相关的例子，进行创新思维的练习。

（一）发散思维训练

（1）可以说出达到照明目的的办法，越多越好。（例如：开电灯、划火柴、用手电筒、点蜡烛、用打火机等）

（2）说出包含圆形或者半圆形的物品。（例如：电灯、酒杯、锅、碗、瓢、盆……）

（3）说出名字带有颜色的演员。（例如：杨紫、陈红、黄渤、蓝盈莹……）

（4）说出有"月"的诗句。（例如：月是故乡明，海上生明月，月上柳梢头，月有阴晴圆缺，春花秋月何时了……）

（5）尽可能多地说出你与社会各方面及各种任务的关系。（例如：我是老师的学生，我是电影院的观众，我是广播电台的听众，我是小张的邻居，我是百货商店的顾客，我是图书馆的读者，我是上海市的居民，我是一名共产党员，我是公园的游客……）

（二）摆脱习惯性思维练习

只会使用锤子的人总是把每个问题都看成钉子，这就是习惯性思维。摆脱已有习惯限制与解决问题同样困难。因此，专门练习摆脱习惯性思维，实际上就是培养自己的创新思维。

（1）两个人同时到一条河旁，在无人的岸边只停着一只船，船上只能容纳一人。请问，两人如何过河？

（2）某人的衣服纽扣掉进了已倒入咖啡的杯子里，他赶紧从杯中拾起纽扣，不但手不湿，甚至连纽扣也是干的。这是怎么回事呢？

（3）某人昨天碰到一场大雨，他正好未戴帽子也未撑伞，头上什么也未遮盖，结果衣服全部淋湿，但头发却没有一根是湿的。这是怎么回事呢？

（4）广场上有一匹马，马头朝东站立着，后来向左转了270°，请问，这时马的尾巴指向哪个地方？

（5）一天晚上，老王正在读一本很有趣的书，他的孩子突然把电灯关了，尽管屋里一团漆黑，可老王仍然在继续读书。这是怎么回事呢？

（6）两个女孩一同到一所学校报名。她俩长得一模一样，出生年月日和父母的名字也完全相同。教师问："你们是双胞胎吗？"她们异口同声地说："不是。"她俩到底是什么关系？

（7）以5只猫5分钟捉5只老鼠的速度计算，要在100分钟内捉100只老鼠，需要多少只猫？

（8）什么字总会被念错？

（9）汽车司机的哥哥叫李强，可李强没有弟弟。这是怎么回事？

（10）某人长得很胖，他的一位朋友却恰恰相反，长得骨瘦如柴，胃也有毛病。胖人却常见他的朋友去眼科医院。这是为什么呢？

参考答案：（1）两人分别在河的两岸；（2）杯子里的咖啡是粉末状的，还未加水；（3）此人秃头；（4）指向下；（5）老王是盲人，他正在读盲文书（用手摸）；（6）三胞（或以上）胎；（7）5只；（8）"错"字；（9）汽车司机是女的；（10）朋友是眼科医生。

（三）假设性思维练习

这一练习的模式是"假如……，将会……"

（1）假如世界上没有老鼠，将会……

（2）假如我有100万元，将会……

（3）假如没有月亮，世界将会……

（4）假如能把自己克隆，将会……

（5）假如飞机飞行能达到光的速度，将会……

（6）假如兔子比人聪明，将会……

第二节　打破思维定式　扫清创新障碍

案例与分析

案例直击

曾有一位天才心算家每晚在台上为观众表演心算，无论观众出多么难的题也从未难倒过他。有一次，一位先生上台担任主考，坐在心算家的对面并开始出题："一辆载着375名旅客的列车驶进车站，这时下来83人，上去65人。"心算家轻蔑地笑了一下，主考又补充说："在下一站下来49人，上去112人；在又下一站下来7人，上去96人。"这时主考先生加快了讲话速度：

"再下一站下来74人，上去69人；再下一站下来17人，上去273人；再下一站下来55人，仅仅上去2人；再下一站下来43人，又上去79人……"心算家问："完了吗？""不，请您接着算。火车继续向前开，到了下一站，下来137人，上去117人；再下一站下来23人，上去28人。"这时，主考用手敲了一下桌子："完了，先生！"心算大师不屑一顾地问道："您现在就想知道结果吗？车上旅客有……"主考说："那当然，请问，这趟列车究竟停靠了多少个车站？"这时，著名心算家顿时呆住了。

案例评析

一个思维能力很强的人，如果其思维方向不合适，也会导致不恰当的结果。从心算师的例子可知，思维的方向在整个思维过程中具有举足轻重的作用。创新思维往往没有固定的延伸方向，它既可是同一或相反方向上的直线思维，也可是在平面内的二维思维，还可以是三维空间的立体思维。这就要求教师不仅要在心理层面破除障碍，也需要打破自身的惯性思维、迷信权威、从众的思维定式，真正扫清创新思维障碍。

理论与应用

理论导航

一、创新心理障碍

在直接或间接扼制创新素质的障碍中，心理障碍已成为制约人们深化创新实践、提高创新效能的重要因素，只是类型各异，表现形式或程度有所不同而已。创新心理障碍主要表现在四方面，即创新意识障碍、创新思维障碍、创新能力障碍和创新人格障碍。

（一）创新意识障碍

传统的教育观念崇尚经验，反对创新；崇尚权威，反对怀疑；崇尚跟随，反对超越；崇尚持平，反对冒尖。这就使得许多人盲目迷信书本和权威，墨守成规，不注重思考与质疑问难，缺乏"问题意识"，不愿提问题，不会提问题，也提不出什么问题，当然就更谈不上锐意创新。正如中国工程院院士潘云鹤教授所言："有人说中国人的创新能力不如外国人，其中很大的原因可能是逆反心理较差，许多问题不敢提出来。"杨振宁教授在谈到中国留学生与外国留学生有何不同时说："在国外，中国留学生无论在普通大学还是一流大学，学习成绩都是非常出色的。但中国留学生胆子小，教师没讲过的不敢想，老师没做过的不敢做。"1997年诺贝尔物理学奖得主朱棣文教授也认为："中国的学生学习很刻苦，书本成绩很好，但是动手能力差，创新精神明显不足。"

（二）创新思维障碍

长期以来，一些学校教育已经习惯于用划一的内容和固定的方式来培养循规蹈矩、听话顺从的"乖孩子""好学生"，传统的教与学都习惯于"定式"和"正向思维"，忽视"悬念"和"逆向思维"。在这种毫无创造性的课堂生活中，学生不需要形成和提出自己的问题，不需要就某个问题发表自己的意见，不需要就某个问题进行讨论和对话。这就使人陷于常规思维、传统思维，为常见的思维定式所左右。

（三）创新能力障碍

有人说，我国的小学教育是"听话教育"，中学教育是"分数教育"，大学教育是"知识教育"。这种观点虽不全面，但也反映了中国教育忽视创新能力培养问题。传统学校教育为求"高效"，忽略了学生探究精神和创新精神的养成。知识和技能的掌握成为一部分学校教育的主要内容，而对于质疑能力、辨识能力、冲击能力、创新活力的培养较薄弱。

（四）创新人格障碍

目前，部分学校人才培养模式单一，不重视个性差异，发现、培养和鼓励有特殊才能、个性特长的学生脱颖而出的机制不健全。此外，一些人的心理品质和性格特征是同"创新者"角色不相容的，诸如胆怯与懒惰、孤僻而守旧、从众又无主见、自满且骄傲、固执及偏见等。这些人格特征阻碍其创新潜能的发挥，必将阻碍其创新能力的培养和提高。

学生创新心理障碍不是与生俱来的，而是后天环境中教育、文化等多方面影响综合作用的结果。学校如果采取符合学生心理活动规律和心理特点的教育策略，学生创新心理障碍是完全可以克服和矫正的。

二、影响创新思维发展的障碍

创新思维受到多种心理因素的影响，有些因素会妨碍思维活动对问题的解决，阻碍个人创新能力的发挥。

（一）心理定式

当某些策略和规则在过去获得成功后，往往就会成为人们的一种习惯性的心理定式（mental set），即试图用相同程序来解决新问题。心理定式使人们能高效地学习和解决问题，但当一个问题的解决需要新的见识和方法时，心理定式就会成为前进的阻力，使我们执着于与过去一样的假定、假说和策略，使我们不能够得到更佳、更准确和更快速的答案。这种思想的僵化是创新思维的一个主要阻碍。

心理定式有点类似我们通常所说的"思维定式"。所谓思维定式（thinking set），就是按照以往积累下来的思维活动经验教训和已有的思维规律（或称套路），在人的头脑中形成的比较稳定或固定的思维路线、程序、方法、模式。在感性认识阶段，也可将其称作"刻板印象（stereotypes）"。在环境不变的情况下，思维定式使人能够应用已经掌握的方法去迅速地解决问题。而当情境发生变化时，思维定式便会妨碍人们采用新的方法去思考和解决问题。

思维定式通常有"适合思维定式"和"错觉思维定式"两种形式，因此，思维定式同时具有积极作用和消极作用。

思维定式的积极作用在于，面对一个新的问题，人们可以联想起已经解决的类似问题，将新问题与旧问题的特征进行一一比较，抓住新旧问题的共同特征，将已有的知识和经验与当前的问题情境建立起联系，寻找解决问题的思路，或把新问题转化成一个已解决的熟悉的问题，用已有的方法予以解决。思维定式可以省去许多摸索、试探的环节和步骤，缩短思考时间，提高问题解决的效率。人们在日常生活中碰到的 90％以上的问题都是利用思维定式去解决的。但是，思维定式不利于创新思考，不利于创新。

思维定式消极的一面表现在，它容易使人们产生思想上的惰性，养成一种机械的解题习惯。当新旧问题形式上相似、内容各异时，思维定式可能将解题者带入误区。

有很多的事例可以表明，思维定式对于问题的解决确实具有较大的负面影响。当一个问题的条件发生质的变化时，思维定式会约束解题者的思路，使其难以涌出新的创意与新的思维，造成知识和经验的所谓"负迁移"。思维定式具有趋向性、常规性和程序性等基本特征。思维定式的基本含义与特点可以归纳为以下 5 句话：

（1）它是集中思维活动的重要形式和通道；

（2）它是逻辑思维活动的前提和依据；

（3）它是创新思维的基础；

（4）它与创新思维可以相互促进、相互转化；

（5）它对创新思维的形成具有一定的消极作用。

创新的敌人之一就是思维定式。思维定式用成功的经验做囚笼，牢牢地把创新智慧囚禁了。这种囚禁往往是无形的，因此，人们必须用很好的方法打破自己的思维定式，才能保持创新的势头，不断走向新的辉煌。

（二）惯性思维

"抛硬币时，前九次都是国徽面朝上，问：第十次，国徽面朝上的概率有多大？"这个急问急答问题，答案其实与前九次无关，无论如何，国徽面朝上的概率都是 50％。但很多人面对这样的问题都要思考片刻。这就是惯性思维的影响。

惯性思维（inertial thinking）是指人习惯性地按照以往的方式来思考问

题。惯性思维常会造成人们在思考问题时出现盲点，使创新或改变的可能性降低。

学者给学员们讲了这样一个故事：五金店里面来了一个哑巴，他想买一个钉子。他对着服务员，左手做拿钉子状，右手做握锤状，用右手锤左手。服务员给了他一把锤子。哑巴摇摇头，用右手指左手。服务员给了他一枚钉子，哑巴很满意，就离开了。这时，五金店又来了一个盲人，他想买一把剪刀。此时，学者就问：这个盲人怎样以最快捷的方式买到剪刀呢？一个学员说，他只要用手做剪东西状就可以了。其他学员也纷纷表示赞成。学者笑着说，你们都错了，盲人只要开口讲一声就行。学员们一想，发现自己的确是错了，因为他们都用惯性思维思考问题，进入了一个思维的死角。

再看一个关于抛硬币的问题。问：连续抛 7 次硬币，国徽面朝上的可能性存在吗？很多人回答：不可能。给出这一回答的人，其实是"惯性地"给题目增加了一个假设——"只抛了 7 次（全都是国徽面朝上）"。但是，题目本身并无这一假设。我们可以简单地做一个计算。只抛一次，国徽面朝上的概率为 50％，即 0.5。那么，连续两次出现国徽面朝上的可能性就是 $0.5 \times 0.5 = 0.25$。连续 3 次出现这一现象的可能性为 $0.25 \times 0.5 = 0.125$。如此推算下去，连续 7 次出现国徽面朝上的可能性就是 0.0078125，接近千分之八的概率。因为问题本身并无"总共抛硬币多少次"的假设，所以，抛出成千上万次，连续 7 次国徽面朝上的现象当然是有可能出现的。

我们再来看看一个乞丐的思维。

一个富翁来到一个乞丐的面前，他想帮助这个乞丐改变命运。他问乞丐："假如我给你一千元钱，你打算怎样使用呢？"乞丐回答："这太好啦，我可以买一部手机呀！"

富翁问他为什么要买一部手机。

"有了手机，我就可以跟城市里各个地区的同行联系，哪里人多，我就可以去哪里乞讨啊。"乞丐回答。

富翁又问："那，假如我给你十万元，你又会怎样使用呢？"乞丐说："那我就买一部车。"

看着富翁很疑惑，乞丐解释说："这样我以后再出来乞讨就方便多了，我开着车，再远的地方也可以很快赶到。"

富翁露出悲哀的神情，狠了狠心说："假如我给你一千万元呢？"乞丐眼里闪着光亮，说："那就太好了，我可以把这个城市里最繁华的地区全都买下来。"乞丐补充道："那样，我就可以把其他乞丐全都撵走，不让他们抢我的饭碗。"富翁听罢，无语地离去了。

其实，你能成为什么，很大程度上取决于你想成为什么。

有人说，思维最大的敌人是惯性思维。世界观、生活环境和知识背景都会影响到人们对事、对物的态度和思维方式，不过最重要的影响因素是过去的经验。生活中有很多经验，它们会时刻对人们的思维产生影响。

除此之外，权威定式和从众定式也会成为创新思维的障碍。

（三）权威定式

有人群的地方总有权威，权威是任何社会都实际存在的现象。在思维领域，有的人习惯于引证权威的观点，不加思考地以权威的是非为是非，这就是权威定式。思维中权威定式的形成主要通过两条途径：第一条途径是在从儿童长到成年过程中所接受的"教育权威"；第二条途径是"专业权威"，即由深厚的专门知识所形成的权威。权威定式有利于惯常思维，却有害于创新思维。在需要推陈出新的时候，它使人们很难突破旧权威的束缚。

（四）从众定式

从众定式的根源在于，人是一种群居性的动物，为了维持群体生活，每个人都必须在行动上奉行"个人服从群体，少数服从多数"的准则。然而这个准则不久便会成为普遍的思维原则，从而成为"从众定式"。从众定式使得个人有归属感和安全感，以众人之是非为是非，人云亦云，随大流，即使错了，也无须独自承担责任。人们大部分的行为选择其实都是从众的结果，而很少经过自己独立的深思熟虑。在传统社会中，统治阶级不断强化人们的从众定式，因而排斥那些惊世骇俗的言行和特立独行的人物。

🏵 **行动研修**

"视角"就是思考问题的角度、层面、路线或立场。应该尽量多地增加头脑中的思维视角，学会从多角度、多侧面、多方向观察、思考同一个问题。教师可以通过扩展创新思维的视角，来扫清自身创新思维的障碍。

一、"肯定—否定—存疑"视角

肯定视角是指当头脑思考一种具体的事物或者观念的时候，首先设定它是正确的、好的、有价值的，然后沿着这种视角，寻找这种事物或观念的优点和正面价值。肯定视觉并不新奇，我们的头脑天天都在使用它，但是，我们往往只对那些公认的"好的""对的""有价值的"事物采用肯定视觉。我们应该对所有的事物都先采取一番肯定视角，因为"不好的""错的""没有价值的"事物，只要我们用心，都能找出其正面积极的意义。否定视角正相反，"否定"也可以理解为"反向"，就是从反面和对立面来思考一个事物，并在这种视角的支配下寻找这个事物或者观念的错误、危害、失败、缺点之类的负面价值。把事情反过来考虑，会促使我们产生意想不到的创意，有否定才有进步。存疑视角是指对于某些事物、观念或者问题，我们一时也许难以判定，那就不应该勉强地"肯定"或者"否定"，不妨放下问题，让头脑冷静一下，过一段时间再进行判定。科学家们大都在遇到困难时，暂时把工作停下来，让头脑获得休息，再用触发因素，将创新火花点燃。

二、"自我—他人—群体"视角

自我视角是指我们观察和思考外界的事物，总是习惯以自我为中心，把我的目的、我的需要、我的态度、我的价值观念、我的情感偏好、我的审美情趣等，作为"标准尺度"去衡量外来的事物和观念。他人视角要求我们，在思维过程中尽力摆脱"自我"的小天地，走出"围城"，站在"城外"，从别人的角度，对同一事物和观念进行一番思考，发现创意的苗头。从他人视觉思考问题，往往十分困难，因为他人视角是打破自我视角的结果。群体视角是指任何群体总是由个人组成的，但是，对于同一个事物，从个人的视角和从群体的视角出发，往往会得出不同的结论。摆脱自我视角，站在群体甚至整个人类的角度来思考，使我们的视野更加开阔，对当前的事物产生更加深入的理解。

三、"无序—有序—可行"视角

无序视角的意思是说我们在进行创新思维的时候，特别是在思维的初期阶段，应该尽可能地打破头脑中的所有条条框框，包括那些"法则""规律""定理""守则""常识"之类的东西，进行一番"混沌型"的无序思考，以便充分激发想象力，达到更好的创意效果。因为在许多情况下，混乱更容易刺激人们的联想能力，从而产生更强的创新能力，这一点已被科学实验所证实。有序视角的含义是我们的头脑在思考某种事物或者观念的时候，按照严格的逻辑来进行，透过现象看到本质，排除偶然性，认识必然性，从而保证头脑中的创意能够在实践中获得成功。采用无序视角之后，条条框框被打破，还必须进行一番"有序化"的工作。可行视角是指创新的生命在于实施，我们必须实事求是地对方案进行可行性论证，从而保证其能够在实践中获得成功。因为，某种创新方案可能在逻辑上很完美，但由于现实社会千变万化，十分复杂，方案在实施中并不一定能成功，应该反复论证，小范围试验，大面积推广。

四、"今日—往日—来日"视角

往日视角，就是考察事物和观念的起源、历史和以往的发展，把握了事物的过去，才能更好地思索事物的当今，这是历史主义的基本原则。今天的事物总是从以往的事物发展而来的，当我们用往日视觉来思考事物、观念和人生的时候，肯定会别有一番感受，有可能获新的创意。所谓来日视角，就是思索事物或观念和未来发展，预测它的发展方向和发展道路，并用预测的结果来指导我们的今天，指导当今人们对待它们的态度。古语说："预则立，不预则废。"目光只盯着眼前，缺少来日视角，就无法把握事物发展的未来。要跟上时代步伐，必须从现在、过去和未来三个时间点上思考问题，这就需要一种战略思维。

五、"求同—求异—求合"视角

所谓求同视角，是指任何两种事物或者观念之间，都有或多或少的相同点。我们在思维中抓住了这些相同点，便能够把千差万别的事物联系起来，从而发现新创意。所谓求异思维，是指任何事物都不可能完全相同，都有或多或少的差异点。在多数场合，单用求同视角，或者单用求异视角，都会产生一定的片面性，只有把二者结合起来，才能获得满意的效果，这也可以称为求合视角。

六、"情感—理智—理想"视角

人是一种感情型的生物，不但人与人之间可以产生感情，而且人对外界事物也会产生感情，一定的感情影响着人们思考的倾向和范围。情感视角是一种非理性视觉，它使我们对当下事物的判断产生一定的偏差。情感与创新的关系非常密切，创新常常意味着放弃，而放弃则包含着感情上的割舍，这对于多数人来说是极为困难的。理智是人的头脑认识世界的最主要的武器，理智包括很多内容，其中一个重要内容就是对具体与抽象的把握。面对具体的事物，人们的思维往往受到各种各样的束缚。如果能够进入抽象的领域，思维束缚反而会少一些，人们更容易打开思路，发挥思维的创新能力。现实的事物并没有理想的，但这种情况并不妨碍我们在思维中从"理想"的角度考察世界。从"理想"或"应该"的角度看待问题，便能够跳出真实事物的限制，容易产生出许多创新的想法。全面地说，人在思维的时候，有理性的一面，也有情感的一面，还有理想的一面。我们在进行创新的时候应该把握三者的关系，而不能只从一个角度去思考问题。

第三节 善于观察 培养创造性洞察力

案例与分析

🍂 案例直击

29 岁的年轻教授陈鹤琴初为人父，望着自己的"杰作"，陈鹤琴来不及兴奋，他拿着照相机，镜头对着襁褓中已经熟睡的婴儿连连拍照，然后用钢笔在本子上记录下婴儿从出生一刻起的每一个反应……陈鹤琴对自己儿子的成长发育过程做了长达 808 天的连续观察，并用文字和拍照详细记录下来。他的实验室就是他的家；他的妻子和母亲是他的两位最得力的助手；他的儿子则是他的"工作对象""成果"与"实验中心"。他将观察、实验结果分类记载，文字和照片积累了十余本。他将自己的观察、记录与研究心得编成讲义，在课堂上开设儿童心理学课程。有时，他还会将儿子抱来课堂做示范。通过对其长子陈一鸣持续 808 天的追踪研究，陈鹤琴探索出中国儿童心理发展及教育规律，写成了中国第一部儿童心理学教科书——《儿童心理之研究》。

🦋 案例评析

尽管每个人都能进行观察，但对于同一个对象，不同的观察者即便借用同一观察仪器，也可能会得到不同的观察结果。这说明观察活动人人都能进行，但各人的观察力却不尽相同，观察力是一种认识能力。观察是引起创新的重要手段，陈鹤琴通过观察取得了非常有价值的研究成果。由此可见观察能力对于教师的重要性。教师要积极提升自身的观察能力，不仅包含对于事物的洞察能力和全面的分析能力，也包含教师在教育教学中对学生的观察能力。

理论与应用

◎ 理论导航

一、观察与创新

（一）观察力——引发创新行为的手段

观察是人感知外界信息的最重要的过程。从心理学的角度来看，有目的、有计划、比较持久的知觉过程，叫作观察。所谓的知觉，即直接作用于感觉器官的事物的整体在人脑中的反映，观察不同于一般的知觉，它不是那种毫无目的、没有控制的无意知觉，也不是毫无计划、时间短暂的一般的有意知觉，而是有意知觉的高级形式。它是观察者根据一定的目的或任务，拟定一定的计划，然后按照计划对一定的事物进行系统而持久的知觉过程。

《福尔摩斯探案集·冒险史》中有这样一段对话，华生不服气地对福尔摩斯说："我觉得我的眼力并不比你差。"福尔摩斯问他："门前的楼梯有多少级？"虽然华生走过几百次了，但他并不知道。福尔摩斯说："因为你没有观察，而只是看了一下。我知道有17级，因为我不但看了，而且观察了。"

由此可见，看见并不等于观察。观察是有一定目的的、有组织的、主动的知觉。全面地、正确地、深入地观察事物的能力，称为观察能力。观察力是一种有意识、有目的、有组织的知觉能力。观察力是捕捉和引发创新灵感的重要手段。它不仅仅是对事物外部特征的感知，更主要的是对事物内部特征的认识，是全面、正确、系统和深入认识事物本质特征的综合分析能力。较强观察力是学生创新思维能力的一个重要组成部分，并且是学生创新能力得以发展的先决条件。

研究发现，观察力是和知识经验密切联系的。教育家苏霍姆林斯基曾说过，从观察中不仅可以汲取知识，而且知识在观察中活跃起来，知识借助观察而"进入周转"，像工具在劳动中得到运用一样。如果说复习是学习之母，那么观察就是思考和识记知识之母。对于发明创造和科学研究来说，观察能力都是一种十分重要的、基本的能力。有些发明创造就直接来源于深入细致的观察。比如太阳的东升西落，这是每个人都能观察到的现象，但自古以来，许多人都认为是太阳绕着地球转，唯有波兰天文学家哥白尼独具慧眼，他提出具有革命意义的日心说体系，宣告太阳是宇宙的中心，地球和其他行星围绕太阳运行。以我国著名气象学家、地理学家竺可桢为例，他对气象学的浓厚兴趣使他取得了卓越的成就。在气象学方面，他广为传颂的事迹是几十年如一日地对气象和物候进行科学观察。他从青年时代就养成了一个习惯：每天 6 时起床，第一件事情就是把气温表拿到院子里测气温，每天坚持记录气温、气压、风向、湿度等各种气象要素。可惜的是他在 1936 年以前的日记已经在抗日战争中散失了。但从 1936 年 1 月 1 日到 1974 年 2 月 6 日，他逝世的前一天为止，共 38 年零 37 天的日记都完整地保存着，没有一天间断。这些日记总计近 1000 万字，它记载着科学家大半生的工作和思考。和气象学密切相关的是物候学。在长期观测物候和气象的基础之上，竺可桢完成了《中国近五千年来气候变迁的初步研究》一文，系统地阐述了我国数千年气候的变化及其规律，为我国进行长期气象预报提供了科学的依据，受到国内外科学界的高度重视和普遍赞扬。凡此种种，都说明观察能力在发明创造中的重要性。

（二）观察力的主要表现

1. 敏锐性

敏锐的观察力是指能高效、准确地捕捉和获取信息的能力。观察力的敏锐性不仅能使人们迅速获得创造对象的有关信息，而且使人们善于发现易被忽略或不易被发现的东西，是人们捕捉机遇最重要的观察力品质，对创新活动的影响极大。

走马观花，视而不见，见而不疑，无法从观察中获得新发现，得到的只是一片茫茫然；独具慧眼，见微知著，一叶知秋，从中发现新大陆，能获得创新的灵感。善于创新的人能发现司空见惯的事物中的不平常之处，能在稍纵即逝的事物发展中一针见血地把握事物的本质和规律，能关注到常人极易忽视的细节和隐蔽的奥秘，从而启动创新行为。正如达尔文在谈到自己时所说的，他既没有突出的理解力，也没有过人的机智，只是在观察那些稍纵即逝的事物并对其进行精细的观察的能力上，可能在众人之上。敏锐的观察力是建立在一定的知识储备上的，只有具备一定的知识储备，才能及时捕捉某些转瞬即逝的重要现象和特征，并借助丰富的科学知识和生活常识来使观察活动得以顺利进行。

2. 准确性

观察力的准确性使人们能正确地获得创新对象的有关信息，深入地观察创新对象，获得精确的观察结果。在科学技术的发展中，种种原因，如认识的局限性、传统观念的束缚、观察的主观性错误、科学仪器的局限性等，常会造成观察结果的错误并导致理论的错误，甚至会导致一些无法弥补的伤害。因此，观察力的准确性就显得格外重要。

事物都有普遍性和特殊性两个方面，特殊性是事物区别其他事物的特性。只有观察到事物的特殊性，才能准确地把握事物的特点。同时，观察对象所处的空间、时间范围都有限，稍纵即逝，这也要求人们能高度集中注意力，去正确把握事物的特征。因此，要想在观察中获得准确性，就得具有把握事物特殊性的能力。如果能在观察前搜集与观察对象有关的信息，根据自己的认知风格有目的地观察，同时思维要积极地参与，这样就能提高观察的准确性，为创新活动打下基础。

3. 全面性

观察的全面性是指在观察时要综合各种感官的活动，既关注整体特征，也关注细节特征，对观察的对象的各种属性能做出全面的反应，既要善于从一般中观察到特殊的东西，也要善于从特殊中观察到一般的东西。

全面观察不仅要看到事物的"面"，还要看到事物的"点"；观察要仔细，找到事物独特的地方；要将不同时期、不同条件下观察到的事物进行比较，将同一时间、同一条件下观察到的不同的事物相比较，这样才能全面了解到事物发展变化的过程。

一个小学三年级的学生，有一次和爸爸去铁路边玩。他发现铁轨是一节节地连接起来的，每一节铁轨之间都有一点缝隙。"为什么铁轨之间要有缝隙呢？"爸爸说："因为热胀冷缩。"他听了之后，觉得不理解。然后他就自己进行观察，并记录下接缝距离与温度的关系。经过一年的观察，他根据记录发现热胀冷缩的现象是存在的，还发现气温每下降11℃，两个铁轨之间的接缝就增大1毫米。他的调查报告还获了奖。

观察是探索未知世界的一种重要方法，是捕捉和引发创新灵感的重要手段。飞机的造型是受蜻蜓和鸟类的启发，舰船的造型是受鱼类的启示……巴甫洛夫也告诫我们，应当学会观察，不会观察，就永远成不了科学家。没有观察就不会有新的发现，更不会有真实而详尽的史料，我们对世界的认识就会停留在事物的表面。

二、教师的教育观察能力

除了对于万事万物的科学观察，教师的教育观察能力也是教师观察能力的重要组成部分。教育观察能力是教师的基本功，是教师搞好教育、教学工作不可缺少的心理品质。教育观察能力是因材施教的依据，是发现人才的关键，也是培养学生观察能力的前提。具有敏锐观察能力的教师，能够迅速、全面、正确地根据学生细微的外部表现，去洞察学生的内心世界，从而抓住教育的关键点，采取有针对性的教育措施。在课堂上，教师可以根据学生的面部表情、姿态、回答问题等情况，调节自己的教学工作。在课外，教师可以根据学生的各项活动，了解学生的兴趣、能力及人格等，选择有针对性的教育措施，及时发现学生不良的苗头，以便及时教育，防微杜渐。

教育家乌申斯基指出，教师要全面地教育学生，必须全面地了解学生；而全面了解学生，除了通过间接方法外，主要靠自己直接观察，获得第一手资料。教师的教育观察能力应具有以下三个特点。

（1）细致而深入。善于透过不易被人觉察的蛛丝马迹，探索到学生心灵的奥秘。

（2）迅速而准确。善于在瞬间捕捉学生表情和行为的细微变化，迅速掌握学生的特点，真实地判断学生的心理活动。

（3）全面而客观。善于利用各种场合，对学生进行多方面的观察和了解，并能实事求是、客观地看待学生。

❀ 行动研修

一、如何获得准确的观察

为了保证观察得正确，一是要注意消除错觉的影响，注意消除先入为主而产生的知觉定式；二是要注意坚持观察的客观性、细致性、全面性和重复性，还要注意观察对象的代表性；三是应该及时注意并抓住偶然发生的意外现象，特别是对容易被一般人忽略的地方，更要加以仔细观察。

观察时始终带着"是什么"和"为什么"两个问题，以提高自己的观察能力。只有在正确思想、专业理论及创新思维的指导下，观察才会成为创新的源泉。正如爱因斯坦所说的那样："你能不能观察眼前的现象，取决于你运用什么样的理论。理论决定着你到底能够观察到什么。"否则，就会如同德国诗人歌德所讲的那样，"我们看到的，只是我们知道的"，从而很难从观察中做出创新的判断。机遇的偶然性和易逝性，使某些现象往往在人们意料之外出现且转瞬即逝，因此只有具备十分敏锐观察力和洞察力的人才能及时抓住微不足道的偶然事件，通过深入细致的思考而真正抓住机遇。细菌学家弗莱明在谈到发现青霉素的过程时说："我的唯一功劳是没有忽视观察。"敏锐的判断力能够使人从各种线索中抓住有希望的线索，能够使人抓住有价值、有潜在意义的机遇。

二、培养良好的观察力需要遵循的观察原则

（一）目的性原则

观察要有目的，目的要明确。一个看似简单的对象，其实可以观察的细

节也是无穷无尽的，无目的观察不能把注意力集中起来进行有效的知觉活动，可能会忽视许多事物和现象以及它们之间的内在联系，造成我们对身边的许多事物或现象"视而不见""熟视无睹"。一个简单的事例可以说明这一点：我们过马路的时候要看红绿灯，但若问红灯在上边还是在下边这样的问题，许多人都答不上来。其实这是很正常的，因为一般的过路人，他关心的是"通过"或"不能通过"，他只要观察是红灯亮还是绿灯亮就可以了，其他的事他可以不关心。这样的观察是受到了目的性的支配。

观察的目的性原则决定了我们观察什么，与此同时就决定了我们不观察什么。我们所要观察的即成为观察对象，而其他的就成为背景。避免了背景的干扰，我们就能获得关于对象的具有科学价值的观察材料，从而解决所要研究的问题。

（二）观察的客观性原则

观察的根本目的在于获取对象的事实材料，其生命力在于它的客观性。失去了客观性的观察不能为科学研究提供坚实可靠的基础，将会从根本上失去其存在的意义。为保证观察材料真实可靠，就要坚持客观性原则，但要贯彻这条原则并不容易。

一次，在德国哥廷根举行的心理学研讨会上，大会的组织者对参加会议的心理学家们进行了别出心裁的测试。与会的学者们刚坐下不久，两个蒙面的枪手破门而入，两人间发生激烈的枪战，战斗持续20秒，最后两人落荒而逃。等与会者们惊魂稍定，组织者要求他们把方才惊心动魄的场面记述下来。组织者一共收到了40篇报告，其中只有一篇报告的错误少于20％，14篇报告有20％～40％的错误，25篇报告的错误在40％以上。

训练有素的专家们对这极短时间内突如其来的引人注目的事件的观察都会有如此大的偏差，可见要保证观察结果的真实可靠是很不容易的。

影响观察客观性的有主观因素，如人们在某种愿望的支配下形成了某种心理指向，从而在观察中只乐于接受自己所期望的信息，而不愿意接受不合期望的信息。又如，我们的感官和大脑对外界的信息有自发修正的作用，受这种作用的支配，我们会不自觉地做一些主观的臆造。在上述事例中，有半数以上心理学家臆造了 10％甚至更多的细节。

影响观察客观性的还有客观因素。自然对象的本质隐藏在丰富多彩的现象背后，每一现象只是从某一侧面表现了本质，如果把本质的某一侧面认为是本质的全部，那就是以偏概全，不符合客观实际。

（三）观察的思维性原则

我们对自然对象进行观察，不仅仅是消极被动地感知外界信息的过程，也是对外界信息进行挑选、加工和翻译的过程。在观察过程中，能否发挥思维的能动作用是至关重要的，这直接影响到观察的结果（或效能）。

观察是我们认识世界、进行各种创新活动的基础，我们认识世界的一个最基本的方法就是观察，因此，培养和提高观察力有着十分重要的意义。良好的观察力是在实践中经过长期的艰苦训练而获得的，我们应抓紧培养和提高自己的观察力。我们进行观察活动的机会是很多的，顺利地进行观察也就是观察力提高的过程。怎样顺利地进行观察呢？首先，预先做好观察的准备，提出明确的观察任务，详细制订观察的计划，掌握观察的具体方法。其次，观察要按计划、有步骤、有系统地进行，设法让更多的感觉器官参与观察活动。再次，在观察时要及时做好记录。最后，在条件允许时重复进行实验，确认实验结果。观察之前，尽可能多地掌握相关的知识是必需的。观察计划的制订，观察步骤的确定，都离不开相关知识的指导，丰富的知识储备还能使我们对实验观察中出现的意外情况应付自如。

第四节　善于发现　创造性地认识事物

案例与分析

◊ 案例直击

非洲某中学的学生姆佩姆巴有一次在做冰激凌时，将一杯热牛奶放进了冰箱。结果奇妙的事情发生了：他放进冰箱的那杯热牛奶比其他同学放入冰箱的凉牛奶更快地结冰了。他把结果告诉老师，老师竟然不相信他的话。一次，一名教授到他的学校访问，姆佩姆巴提出这个疑惑，教授也无法解释这个现象。现在人们就用姆佩姆巴的名字来命名这个效应，姆佩姆巴发现的这个问题是一个知识上的空白。

🦋 案例评析

"姆佩姆巴效应"说明发现问题是发现真理、发展真理的必经过程，发现问题也是发展创新的重要步骤。创新型教师也应是善于发现、对于问题有深入探究能力、能够创造性地认识事物的个体。

理论与应用

◎ 理论导航

一、发现的含义

发现，是人类对于自我的内在、具体性的自然及其整体的认识，也是一种再加工的行为。人从动物世界的自发状态发展到人类的自觉状态，正是因为人类实践行为中具有的发现及创新两大核心能力。

二、发现能力对创新活动产生深远影响

发现能力对于人们的创新潜能的开发非常重要。一个人观察到了一种现象，并不代表他已经发现了它。科技史上的哈雷发现哈雷彗星，以及伦琴发现 X 射线都证明了发现的重要性。发现能力可再细分为发现异同的能力、发现可能的能力和发现关系的能力等。

（一）发现异同的能力

发现异同的能力是指创新者在相同的事物中善于发现其不同所在，而在不同的事物中又善于发现其相同之处的能力，即所谓同中求异、异中求同的

能力。

为了同中求异，就要科学地做到"不理解最明显的东西"。比如当人们都认为"物体越重下落就越快"时，当人们都认为太阳绕着地球转动时，当人们都认为物体的运动速度与时间无关时，当人们认为做饭时火必须放在食物的下方时，你都需要表示"不理解"这些，这样想，往往就会迸发出创新的火花。当有人问爱因斯坦他的那些科学概念是怎样产生的时候，他明确回答说，是由"不理解最明显的东西"而产生的。可见，经常培养自己类似的习惯，就能从别人觉得很平常的事情上发现出不平常，就能培养在平常中觉察出异常的发现能力。

所谓异中求同，就是从众多的不同事物中发现其共同的属性。马克思从千千万万种不同的商品中找到了它们的共性，认识到了它们的本质，从而发了价值规律。日本的诺贝尔奖获得者汤川秀树曾在《创造》杂志创刊号上发表过"定同理论"，认为找出若干事物之间彼此相似之处的求同能力可以产生创造性。人们不难发现，例如细胞学说的建立、控制论的问世以及仿生学的诞生等，从某个角度来看都是异中求同的创新结晶；许多规律、定理、公式的发现，都与创立者异中求同的发现能力密切相关。

（二）发现可能的能力

一个客观事物的出现和变化绝不仅仅与单一的因素有关，所以，对于一个事物要尽可能多地发现与其相关的可能性。很多人往往只满足于获得某个问题的最大的可能或一个正确的答案，而不再对其他的可能和答案做深入细致的研究，这就封闭了自己的思路，束缚了自己创新能力的发挥。须知，客观世界是极其复杂的，一个事物中所包含的可能因子十分丰富，因此，要开发创新潜力，进行创新活动，就应该尽力挖掘事物的众多的可能。由于人类总体认识水平的限制，又由于各人在知识占有量上的差异和考虑问题的角度、思维方式上的不同，许多人认为不可能发生的事情恰恰是可能发生的。一些发明创造成果，当初或许恰恰就是在人们认为"不可能"或"极少可能"的地方出现，这已为大量的事例所证实。比如人们在潜意识中总认为，邮局是不可能邮寄孩子的，洗衣机是不可能洗地瓜的，古埃及的芦苇草船是不可能越过大西洋而到达南美洲的，但是，经过人们的努力，这些"不可能"其实都是可能的。由此可见，创新者在创新活动中决不要轻易地相信所谓的"不可能"。创新，在某种意义上讲就是要在所谓的不可能的地方去发现可能。丁肇中教授于 2004 年在南京进行学术交流时说，几十年来，他所做的研究绝大部分都被人认为是不可能的，而结果都变成了可能。

（三）发现关系的能力

不同事物之间往往存在着各种各样的关系，但由于种种原因，这些关系并非一眼就能被识别。比如人们常说的因果关系就是十分复杂的，同一种原因可引起不同的结果，同一种结果也可由多种不同的原因所致。善于发现事物内部关系的人，其创新能力可以得到更大发挥。例如铅笔与橡皮本是各自独立之物，发现它们的密切关系并把它们组合成带橡皮的铅笔以后，即成为一项利润很大、风靡世界的发明。又如音乐和夹克似乎也没有什么关联，然而美国人伯顿·斯诺伯兹却将一台索尼迷你唱盘和数字播放器缝入夹克，发明了音乐夹克。可见，善于发现不同事物，特别是表面看来毫不相关的事物之间的联系，是开发创新潜力的又一个重要方面。

除此之外，根据人们发现的深度还可以把发现能力划分为初级发现能力（即低级发现能力）和次级发现能力（即高级发现能力）。初级发现能力是一种发现某个事物或者表面现象的能力，它一般可通过直接观察而完成，如在南极发现了企鹅，在西藏发现了特大峡谷等。而次级或高级发现能力，则是指对别人已直接发现过的事物或者现象进行思考后，再发现其内在本质或规律的能力，如牛顿从人们常见的苹果落地现象中发现了万有引力，伦琴在许多科学家都见过的克鲁克斯管外的荧光现象中发现了 X 射线等。因此，初级发现一般是对现象的发现，它主要依靠人的体力（勤奋），而次级发现则是对事物本质的发现，它主要依靠人的智力（创新思维）。所以，次级发现才是根本性的发现，才是突破性的发现，才是高层次的发现，次级发现对于人的创新活动会产生深远影响。

❀ **行动研修**

　　教师的发现能力除了上述所介绍的之外，还包括敏锐的洞察力、探究能力和研究能力，以及发现自己、发现学生的能力。"衡量教育水平的标准首先要看教师与学生能否拥有一种幸福、完整的教育生活。所谓幸福，就是让师生双方都能享受课堂和教育带来的智慧挑战，享受学校生活带来的不断成长；所谓完整，就是让师生双方在教育的过程中能够发现自己，不断成就自己，能把个性培育为特色，成为最好的自己。"

一、发现自己，悦纳自己

　　请写下自己的五个特质，再找同学、朋友、家人等熟悉自己的人，请他们也列出你的五个特质。看看他们对你的认识与你对自己的看法有什么异同，并和他们讨论这些异同。

　　"不识庐山真面目，只缘身在此山中。"我们眼中的"自己"，常和别人眼中的"自己"有一些甚至是很大的差距。陷于"自己"这座山，一个人对自己的认识常常是有局限的。小王老师一向觉得自己内向，待人不够热情，但她从其他同事的反馈中听到了别人给予她"亲和""热情"这样的描述。小王老师在惊讶之余开始反思和重新审视自己，并和同事进行了沟通。她发现，其实她并不像自己认为得那样内向与不热情，只是过于担心自己成为那样的人而已。明白了这点，小王在和人打交道的时候轻松了很多，也有了更多的信心。

　　每一位教师都会有自己的个性品质，要学会了解自己、认识自己，并在知悉自己的优缺点之后，愉悦地接纳你自己。

二、发现自己的天赋

（一）发现天赋的三个步骤

第一步，屏蔽干扰。

通过独处来让自己内在的世界安静下来，去倾听自己内心深处的声音。

可以通过冥想理清思绪，可以和真正的自己对话，要忽视别人对你的看法和期待。

第二步，变换角度。

通过一些小工具来理清楚自己真正的愿望，比如愿景板、自由书写。

找一张纸，把你脑子里随时出现的想法通通写下来，不用考虑逻辑，也别管对错。过一段时间以后，再把它们拿出来放到一起看，可能你就会从中发现一些重复的事情，然后从这些事情里找到你自己的愿望。

第三步，勇敢地尝试。

天赋就是试出来的，对什么有兴趣就不妨大胆地试一试，试过之后才知道自己做得怎么样，才知道自己行不行。当然，在尝试的时候，需要提前评估风险。

（二）找到天赋的三个策略

第一个策略，把热情当作提示器。

热情是一种能量，是你发自内心干自己想干的事。内部动机越强，能量就越大。

第二个策略，评估自己的优势。

采用 SWOT 分析法。SWOT 的中 S 代表优势，就是全面评估一下自己的优势是什么，这个优势包括所有你能动用的资源；W 代表劣势，有劣势了，最好的办法是找到和你互补的人，形成合作，让一个团队的能力达到最佳；O 代表机遇，如果你现在就去做你热爱的事情，有哪些机遇是可以抓住的，或者说做哪些事情、认识哪些人、去哪个地方可以让你做成这件事的概率更大一些，这些都是机遇；T 代表风险，如果风险太大，或是失败了就没有再来一次的机会了，那最好别做这件事情了。

在使用 SWOT 分析自己情况的时候，最重要的一点是要保持客观和真实，最好的办法就是让自己先抽离出来，对自己的境况只做客观的判断，不做任何的评价。

第三个策略，找到你的小伙伴。

首先是得到肯定，心情低落的时候，同伴的一句不经意的鼓励或许就能让你多走一段路；另外，找到伙伴还可以互相指引，互相帮助，可以让你少走很多弯路。

三、发现能力的综合提升

发现能力作为人们探索、研究自然规律和社会问题的一种综合能力，通常包括提出问题的能力、收集资料和信息的能力、建立假说的能力、进行社会调查的能力、进行科学观察和科学实验的能力、进行科学思维的能力等。发现能力的培养，要注意如下几个方面。

（一）要学会整合知识点

把需要学习的信息、掌握的知识分类，做成思维导图或知识点卡片，会让你的大脑、思维条理清晰，方便记忆、温习、掌握。同时，要学会把新知识和已学知识联系起来，不断糅合、完善你的知识体系。这样能够促进理解，加深记忆。

（二）合理用脑

所谓合理，一是要交替复习不同性质的课程，如文理交叉，历史与地理交叉，这可使大脑皮层的不同部位轮流兴奋与抑制，有利于记忆能力的增强与开发；二是在最佳时间识记，一般应安排在早晨、晚上临睡前，具体根据自己的记忆高峰期来选择。

（三）借助高效工具

速读记忆是一种高效的阅读学习方法，其训练原理就在于激活"脑、眼"潜能，培养形成眼脑直映式的阅读学习方式，主要练习提升阅读速度、注意力、记忆力、理解力、思维力等方面。掌握之后，人们在阅读文章、材料的时候可以快速地提取重点，便于归纳分析，提高理解和记忆效率；同时，很快的阅读速度还可以节约大量的时间，游刃有余地做其他事情。

（四）学习思维导图

思维导图是一种将放射性思考具体化的方法，也是高效整理，促进理解和记忆的方法。思维导图不仅在记忆上可以让你大脑里的资料系统化、图像化，还可以帮助你分析问题，统筹规划。不过，要学好思维导图，做到灵活运用可不是一件简单的事，需要花费很多时间。

第五节　富于想象 形成创新思想渊源

案例与分析

🍃 案例直击

儒勒·凡尔纳（Jules Verne，1828—1905 年），法国小说家，科幻小说的开创者之一。他一生写了六十多部大大小小的科幻小说，总题为《在已知和未知的世界漫游》。他以其大量著作和突出贡献，被誉为"科幻和探险小说之父"。凡尔纳的作品以流畅清新的文笔、波澜起伏的情节，吸引了广大的读者。更可贵的是，他那非凡的想象力，浪漫而又符合科学的幻想，使读者如痴如醉，跨过时代的门槛，提前迈进了未来世界。凡尔纳被人们称赞为"科学时代的预言家"。后来，许多科学家都曾谈及，他们是受凡尔纳作品的启迪，才走上了科学之路的。例如潜水艇的发明者之一西蒙·莱克在 1897 年建造了"亚尔古"潜艇。他在自传的第一句话便说："儒勒·凡尔纳是我一生事业的总指导。"飞越北极的海军上将伯德、气球及航海探险家奥古斯特·皮卡德、无线电发明者之一的马可尼，在谈到他们的发明创造时，都说是从凡尔纳的科学幻想小说中受到了启发。法国的利奥台元帅甚至这样说过："现代科学只不过是将凡尔纳的预言付诸实践的过程而已！"凡尔纳逝世时，人们对他做了恰如其分的评价："他既是科学家中的文学家，又是文学家中的科学家。"凡尔纳，正是把科学与文学巧妙地结合起来的大师。

案例评析

创新型教师一定是极其具有想象力、创新能力的。想象力是创新的翅膀，想象力有时就是创新能力。凡尔纳成功预见了科学发展的趋势，很多科学家都提到他的科幻小说对自己的科学之路的启发和贡献。合理的、丰富的、符合逻辑的想象促进了创新活动的发展发生。致力于创新教育的教师，也应努力提升自己的想象力，发展自己的想象力，做一个脑洞大开、异想天开、生动有趣、为学生"造梦"的"魔法师"。

理论与应用

理论导航

一、想象力——创新的翅膀

想象力指的是赋予智力或其他因素活力，增进智力或其他因素效益的能力。在创新活动中，观察能力、记忆能力、注意能力能使人有效地获得信息，而想象能力则具有更大的能动性和积极性。

想象力不受时空的限制，可以使思想在过去、现在、未来的时空中穿梭。但它绝不是胡思乱想，不是主观臆测，想象的原型来自客观世界，又要接受实践的检验。想象力在创新活动中的作用主要表现在：想象力是引发创新的先导。任何创新活动都是以想象为先导的。只有展开想象的翅膀，才有可能事先在脑海中构成关于活动本身及活动结果的种种表现。想象力也是激励创新的动力，是激励人们克服困难的重要因素，它可以转化为一种强大的心理激励力量，使人们预测克服困难的效果，设想创新成功的意义，从而极大地振奋创新者的情绪，激发人的创新能力。

法国思想家狄德罗说："精神的浩瀚，想象的活跃，心灵的勤奋，这就是天才。"列宁高度评价了想象在科学活动中的重要性，他说："有人认为，只有诗人才需要幻想，这是没有道理的，这是愚蠢的偏见。甚至在数学上也是需要幻想的，没有它就不可能发明微积分。"

想象是人在头脑中塑造过去未曾感触过的事物的形象，或将来才有可能出现的形象的思维方法。从心理学角度讲，想象是人在头脑中对已有的表象进行加工改造，形成新形象的过程，它是一种自觉进行的积极的心理现象。想象可以分为无意想象和有意想象。无意想象是没有预定目的、不自觉产生的想象，如睡眠时的梦；有意想象是有目的、自觉进行的想象，它又分为再造想象、创造想象和幻想。其中创造想象带有创造性，是创新活动的主要成分。

二、想象促进创新活动

想象在创新活动中的作用是极为明显的，从某种意义上讲，没有想象就不可能有所创新。心理学研究表明，想象力是人人都有的一种能力，每个人在他的童年时代都是极富想象力的。鲁迅说过："孩子是可以敬服的，他常可以想到星月以上的境界，想到地面以下的情形，想到花卉的用处，想到鱼虫的语言；他想飞上天空，他想潜入蚁穴。"正是由于这一点，孩子的创新能力有时才显得不比大人差，他们在创新过程中知识和经验不足的缺陷往往可通过想象力的天真发挥而得到一定补偿。也正因如此，一些研究者认为，所谓开发一个人的创新能力，从某种意义上说就是帮助他恢复孩提时代敢于想象、富于想象的能力。爱因斯坦早就对想象力做过极高评价，他说："想象力比知识更为重要，因为知识是有限的，而想象力概括着世界上的一切，推动着进步，并且是知识进化的源泉。严格地说，想象力是科学研究中的实在因素。"哲学家黑格尔也说过，最杰出的艺术本领就是想象。

由此可知，一个人要开发自己的创新潜力，可以从培养和训练想象能力入手。那些认为只有诗人才需要想象力的看法是片面的。只要人们进行创新活动，就一定离不开想象。科学的想象往往是科学发展的先导。大到开普勒的行星运动三定律、拉瓦锡的氧化学说、普朗克的量子理论和魏格纳的大陆漂移说，小到对一个答案的猜估、一场轰动的演讲、一道习题的新解和一支圆珠笔的改进，无一不是以创新想象为开路先导，任何发明创造离开了想象都会寸步难行。

三、想象力是创新能力的源泉

想象力，是想象那些无法被感知的事物的能力。在想象的过程中，你可以跳出现实，重溯过去；也可以进入他人的内在世界，了解他们的所见所闻和所感所想，也就是感同身受；你还可以想象未来，并努力将它变成现实。这种事后思考、感同身受和先见之明都是你塑造或重塑自己生活的宝贵资源。

想象力是创新能力的源泉。创新能力可以将想象力转化为现实，也就是实践想象力的能力。因为全人类的集体创新能力，我们才会拥有那么多辉煌成就：艺术与科学领域的成就，人类的所有语言、技术和我们的观念与文化价值体系等。

人类总是在推陈出新，因为人类具有创造性。你是根据自己的世界观和所处环境，通过那些你抓住或放弃的机会以及你看到的可能性和做出的选择，创造了自己的生活的。作为人类的一员，你有很多种选择。对你而言，想象力和创新能力是匹配的。

❀ 行动研修

有一次，15岁的卡勒斯拿着一幅自己刚画完的画，兴冲冲地找到了父亲："爸爸，你看我这幅画，漂亮吗？"

"你这是画的什么呀！一点儿也不像。"父亲毫不客气地给了卡勒斯当头一棒。

"怎么不像呢？"卡勒斯问。

"天空不可能有这么蓝，这些花画得太大了。"父亲毫不留情地批评着。

"可是……"

"不要什么可是，先听我说完。"莱斯顿先生不顾儿子的想法而大加批评起来，"不像话，这儿怎么还有一个小人？一个人怎么能够飞在天空中？简直不合逻辑。"

"可是，我觉得这样很好。这是我想象出来的。"卡勒斯为自己辩解道。

"想象？什么是想象？你不应该凭想象做事，应凭事实。"

"可是，画画时需要想象的。"

"不，不能依靠想象，想象是不能当饭吃的。"

"我认为只有想象才会画得好，而且想象会给人快乐"。卡勒斯说出了自己的观点。

"这是瞎胡闹，我就不靠想象，但我不是一样很快乐吗？"莱斯顿先生得意地说。

"可是人们都说你太沉闷，都不愿和你交往。"卡勒斯说道。

没想到这句话一下子激怒了父亲，他"啪"的一声给了儿子一记耳光。

"胡说八道，太……太不像话了。告诉你，不管怎样，我就是不许你想象什么，什么都要凭事实。"

渐渐地，小卡勒斯不再谈想象的事，也不再画画了，而且，本来开朗活泼的性格也变得阴沉忧郁起来。后来，人们发现小卡勒斯开始变得跟他父亲一模一样，生活毫无乐趣可言，只会一味啃书本。虽然小卡勒斯在长大后获取了学位，在学校教书、做学问，但始终没有得到很好的结果，并且一直生活在枯燥无味和孤独之中。

小卡勒斯的经历也许正是许多孩子所经历的，很多人的想象力就是这样被扼杀了。生活如果没有想象，会怎么样？面对如此局面，教师应该怎么做呢？

一、丰富你的想象力

想象力的丰富性是指想象内容的充实程度，但是前提是要储备大量的表象，要有一定的知识经验，一个缺乏知识经验的人是难以有丰富想象力的。同样，缺乏感性认识的人也不及其他人的想象力丰富，他们所拥有的只是死板的知识规则。

我们都知道这个经典的问题：树上有 5 只鸟，猎人开枪打死了 1 只，还有几只？标准答案是：一只也没有，因为都吓跑了。但是富有想象力的学生不会这么说，他们都会有自己的想法、自己的答案。一个同学说："还有3只。因为5只鸟是一家的，猎人打死了鸟爸爸，吓跑了鸟妈妈，还剩下3只不会飞的鸟宝宝。多可怜啊！"另一个学生说："可能还有4只。因为枪可能是无声的，打死了一只，其余4只没听到，就没飞跑。""可能是100只，因为有可能被打死的是鸟王国中的国王，它的臣民从四周的树上飞来，向国王表示哀悼。"这几个学生的情感还是很丰富的，他们将鸟拟人化了，并根据自己的知识经验给出了不同的答案及解释。

学生尚能如此，教师也要多看书、多体验生活，来获得知识经验和丰富的感性认识，丰富自己的想象力。

二、使你的想象富有逻辑性

想象的逻辑性是指在想象的过程中能借助概念、判断推理来反映想象内容的现实性。想象力的逻辑性，主要指在想象的过程中立足现实，运用一定的知识去分析操作的可能性，这需要有严密的思维方式和扎实的知识基础。想象不是胡思乱想，而是具有一定的逻辑性，每一步都是切实可行的。教师自身的知识结构和认知水平决定了教师逻辑的连续性和系统性。经常练习自己思考的缜密性，会使想象力更富有逻辑性和现实性。

三、使你的想象独具风格

想象的新颖性是指想象的内容独具风格，是从与众不同的角度对旧表象的积极再加工和再组合。扎实的知识是想象的前提，但往往正是这些已知的知识会在头脑中形成定式，有可能阻碍人们的想象力。因此，在想象时，要运用已有的知识，突破思维定式，大胆地想象，提出自己独特新颖的见解。有人说，在1000个想象心理活动中，如果有999个不能实现，而那个能够实现的想象，就是你人生路上的一个可贵的创新。所以，不要害怕别人说自己的想象是幻想、是空想或是异想，只要立足于自己的生活经历和知识经验，所有的想象都应该是提升创新能力的翅膀。创新活动犹如矫健的雄鹰，客观实际是这只雄的躯体，想象力则是它的翅膀。雄鹰因为有了翅膀才能振翅于高空，漫游于天际。因此，想象力作为提升创新力的翅膀，能带人们超越已有的知识和经验，达到一个新的境界。

四、十种想象力训练的方式

想象力是人类创新的源泉，是在你头脑中创造一个念头或思想画面的能力。要想提高想象力，首先，要积累丰富的知识和生存经验；其次，要保持和发展自己的好奇心；再次，应善于捕捉创造想象和创新思维的产物，进行思维加工，使之变成有价值的成果。此外，可以采取以下方式来进行想象力的训练。

（1）看书时，采用跳读方式；跳过的地方，运用想象力想象它的内容。

（2）重视联想。如果开始联想，中途绝不要打断，要一直想到极限。这种飞跃性的联想是个好办法。

（3）多进行幻想。幻想是创造想象的一种特殊形式，由个人愿望或社会需要而引起，是一种指向未来的想象。积极的、符合现实生活发展规律的幻想，反映了人们美好的理想境界，往往是人的正确思想行为的先行。

（4）看看天花板的污渍或云朵的形状，然后在脑海中描绘出它的形象。不只是做一次或两次，做了好几次后，就会出现效果。

（5）在公共汽车车厢，看见某杂志周刊的广告，或是看了某本书的题目，便想象其中的内容，然后与实际的内容做一比较，如此一来，就可以充分地把握自己的想象力。

（6）看过电视转播的运动比赛以后，想象第二天报纸的标题以及报道内容。

（7）以琐碎的小事和资料为基础，创造出一个故事。

（8）和人见面以前，事先预想会面对的状况，并且设想问题。

（9）边看推理小说，边推测犯人。

（10）从设计图、地图、照片，想象实际的情况、实际的地方和事物。

五、经常进行"假如"思考

培养想象能力的方法很多，其中最重要的一种方法就是前面所说的假设性想象练习，即"假如……那么……"的练习。多做这方面的练习，可以在一定程度上提高自己的想象力。为了发挥个人的想象力和创新思维，经常提出一些"假如"课题，不仅是有效的，而且是有趣的。这里所说的"假如"，并不要求合乎逻辑和事实。例如可以这样提问题：假如人有7个手指将会怎样呢？假如没有太阳，世界将会变成什么样？假如所有的人都不会死，世界将会怎样？……这样提出问题，并试着从多方面去回答，找寻尽可能多的答案，从而激发创新思维。

荷兰有一个城市过去曾发生过一次"垃圾问题"，即人们不愿意使用垃圾桶。卫生局为此大伤脑筋，曾经提出过许多的方法和设想，如罚款、增加巡逻人员加强监督等，但均不理想。后来有人提出了这样的"假如"——假如人们把垃圾投入桶内可以得到钱呢？譬如说，"可在垃圾桶上装一个电子感应器，将垃圾倒入桶内者一次可拿到10元钱"。显然这是不合逻辑的"荒唐之举"，然而正是在这种可笑的"假如"启示下，卫生局设计了一种装有感应器的电动垃圾桶，每当垃圾投入桶内，便会自动播出一则事先录制好的笑话或一段音乐，不同的垃圾桶内录制的笑话各不相同，每两周更换一次。这个设计大受欢迎，结果人们都自觉地将垃圾投入桶内了。

随着年龄的增长和阅历的丰富，许多人常会逐渐成为习惯和知识的"俘虏"，从而忘记使用"假如"所能产生的各种效应和可能性。此外，事实上确实只有占极少数比例的"假如"才能获得成功，这样就使很多人不愿花费太多的时间做这种思考，因而导致很多人创新思维日趋萎缩。

第四章

教师创新能力开发

JIAOSHI CHUANGXIN YISHI DE HUANXING

第一节 明晰创新能力构成 全面开发创新能力

案例与分析

案例直击

在一场教师创意大赛中，题目要求教师在一张画纸上用最简练的笔墨画出更多的骆驼。当答卷交上来时，评审发现，许多教师在纸上画了大量的圆点来代表骆驼。但是无论是多少圆点，其数量都是有限的。唯有一位教师的画与众不同：一条弯弯的曲线表示山峰和低谷，画上有一只骆驼从山谷走出来，另一只骆驼只露出一个头和半截脖子，谁也不知道会从山谷里走出来多少只骆驼。即使在一张纸上画上再多的圆点，也都是可数的。而这位教师一反常态，只是形象地勾勒出骆驼的形象，并给人以遐想。最终，这位老师获得了这场比赛的冠军。

案例评析

创造学之父奥斯本曾经说过："人与人之间有程度上的差异，可是任何人都具有创新能力，则是毫无疑问的。"案例中的教师用自己创新的想象力创造了与众不同的绘画作品，正是非凡的创新能力使得他夺得了冠军。创新能力是根据一定的目的，运用一切已知信息，产生出某种新颖、独特、有社会或个人价值的产品的智力品质。创新能力是创新型教师的核心素养，教师要了解创新能力的内涵和开发原理，最大限度地提升自身的创新能力。

理论与应用

◎ 理论导航

一、创新能力的概念

目前国内学者对创新能力的理解各不相同，总体来说，创新能力是运用知识和理论，在经济、社会、科学、艺术、技术和各种实践活动领域中不断提供具有经济价值、社会价值、认知价值、文化价值、生态价值的新思想、新理论、新方法和新发明的能力。对创新能力概念的解释还可以有以下三种：（1）创新能力是指一个人胜任某项创新工作所能够发挥的力量；（2）创新能力是使创新活动任务顺利完成的个性心理特征；（3）创新能力是个体顺利、有效地完成某种创新活动所必需的主观条件。总之，创新能力是个体具备的一种潜能或者素质，是一种复合能力。研究创新能力的构成，分析创新能力的构成要素，有利于加深对创新能力本质的了解，对进行创新能力开发具有指导作用。

（一）创新能力构成的观点

斯滕伯格认为，六个基本元素汇合形成创新能力：智力、知识、思维风格、人格、动机和环境。正是这六种基本元素交汇时产生创新思维与创新行为。

美国创造心理学家格林提出创新能力由十个要素构成，即知识、自学能力、好奇心、观察力、记忆力、客观性、怀疑态度、专心致志、恒心、毅力。日本创造学家进藤隆夫等人提出创新能力由活力、扩力、结力及个性四个要素构成。其中活力是指精力、魄力、冲动性、热情等的集合；扩力是指发展行为、思考、探索性、冒险性等因素的共同效应；结力是指联想力、组合力、设计力等的综合。

我国学者庄寿强推出一个创新能力的表达公式：创新能力＝K×创造性×

知识量^2。公式中，K 为一个常量，亦可视为个体的潜在创新能力；式中的创造性，主要包括创新者的创新人格、创新思维及其所掌握的创新原理技法的总和。于是，庄寿强认为，该公式又可表示为：创新能力＝K×（创新人格＋创新思维＋创新原理）×知识量^2。

国内一些创造学者还提出创新能力由智力因素和非智力因素构成。其中智力因素包含视知觉能力，即观察力、记忆力、想象力、直觉力、逻辑思维能力、辩证思维能力、选择力、操作力、表达力等；非智力因素主要包含创造欲、求知欲、好奇心、挑战性、进取心、自信心、意志力等。

（二）创新能力构成模型

创新能力是人类大脑思维功能和社会实践能力的综合体现。因此，可以说"创新能力是人们进行创新活动的心智能力与个性素质的总和"。我国学者根据创新能力与智力的密切关系，提出了创新能力的构成要素：知识、智能因素和非智力因素。

1. 知识

信息和知识是创新的基础和原材料。没有及时的、可靠的、全面的信息，不懂知识，是不会产生创新成果的。很难想象，一个对光电知识一无所知的人能发明出新型的电灯来，一个对计算机一窍不通的人能开发出新的操作系统。不了解前人的成果、眼光狭窄、知识贫乏的人是不可能做出重大科学发现和技术发明的。知识的掌握，在很大程度上决定着人们认识能力、解决实际问题能力的质量。

在创新能力构成要素中，一般知识和经验为创新提供了广泛的背景，而包括专业知识、创造学知识、特殊领域知识的专门知识，则直接影响创新能力层次的高低。

2. 智能因素

智能因素包含三种能力。一是一般智能，如观察力、注意力、记忆力、操作能力，它体现了人们检索、处理以及综合运用信息，对事物做间接、概括反映的能力；二是创新思维能力，主要指发散思维能力，如创新想象能力、逻辑思维能力、思维调控能力、直觉思维能力、推理能力、灵感思维及捕捉机遇的能力等，它体现出人们在进行创新思维时的心理活动水平，是创新能力的实质和核心；三是特殊智能，指在某种专业活动中表现出来的并保证某种专业活动获得高效率的能力，如音乐能力、绘画能力、体育能力、操作能力等。特殊智能可视为某些一般智能专门化的发展。

　　3. 非智力因素

　　非智力因素包含两种因素。一种是创新意识因素，指对与创新有关的信息及创新活动、方法、过程本身的综合觉察与认识。也可以简单地理解为创新的欲望，包括动机、兴趣、好奇心、求知欲、探究性、主动性、对问题的敏感性等。培养创新意识，可以激发创新动机，产生创新兴趣，提高创新热情，形成创新习惯，增强创新欲望。任何创新成果都是创新意识和创新方法的结合。从某种意义上说，一个人能做出创新成就，创新意识要比创新方法更重要，尤其在创新的初期，因为创新意识能使人们自觉地关注问题，从而发现问题。想创新的欲望决定了创新过程的发生，任何一个人，如果他不想去创新，纵然再有才能，也不可能成功。另一种是创新精神因素，指创新过程中积极的、开放的心理状态，包括怀疑精神、冒险精神、挑战精神、献身精神、使命感、责任感、事业心、自信心、热情、勇气、意志、毅力、恒心等。创新精神也可以简单地说成是创新的胆略。在创新活动中，创新精神往往是成功的关键之一。研究表明，智能因素是创新活动的操作系统，非智力因素是创新活动的动力系统。非智力因素虽然不直接介入创新活动，但它以动机作为核心，对创新活动起着极其重要的作用。

三、创新能力开发的依据

（一）创新能力普遍存在

　　爱迪生说："天才就是百分之一的灵感，加上百分之九十九的汗水。"陶行知先生也在 20 世纪 40 年代提出"人人皆是创造之人"的著名论断。一切正常人都具有创新能力，这一论断是 20 世纪心理学的重大成果之一。健全人的机体内蕴藏着亿万年生命演化积累形成的物质和精神潜能，这些潜能表现为人类所特有的感觉能力、思维能力、情感意志及体力等，它可以在人们的创新活动中显现和存在。每个人都有可能获得创新成果。

（二）教育和训练思维可以提高创新能力

脑神经生理科学的研究成果表明，人的创新能力开发潜力巨大。神经生理学家认为，一般人的大脑潜力仅利用了 4％～5％，少数创新强者也只利用了 10％左右，最多也只能达到 30％。由此可见，人的大脑还潜存着巨大的能量，创新能力开发大有可为。而且，与其他能力不同的是，人的创新能力在成年后并不随年龄的增长而有明显下降的趋势。但创新能力并不是在任何情况下都能自发地表现出来，大多数人在一生中曾不止一次地产生过创新设想，这是创新能力的自发表现，但人们自己却不能真正认识到这种潜能。要想充分发挥这种潜能的作用，必须通过创新的素质教育和训练对其进行开发与提高。否则，不论人的遗传天赋怎么高，其创新能力必低下。国内外创新能力开发培训班的成果也证明，创新能力是可以开发与提高的。曾有人就创新能力开发对人才培养的影响做了对比实验，以 12 名高中生作为实验组，并用 12 名大学生作为对照组，对高中组进行创新能力开发培训，大学组则不做培训。结果，高中组半年后就能大搞发明创造，到培训期满时已申报专利 70 多项，而大学生组则没有什么创造成果。因此，创新能力是正常人所具有的一种基本能力，创新能力得不到充分利用，是因为创新主体受到被称为创新障碍的各种因素的影响。创新能力作为一种能力，是人自身中"沉睡"着的力量，如果不被开发，将会萎缩乃至丧失。而只有素质教育和训练，才能使创新能力得以充分开发。

四、影响创新能力开发的因素

开发创新能力是一项系统工程，要有效地开发创新能力，需要找出影响创新能力开发的因素。通过分析创新能力的构成，我们知道影响个体创新能力的因素是知识、智力因素和非智力因素；从社会群体角度来看，也可以概括分为内部因素和外部环境。

（一）内部因素

影响个体创新能力开发的内部因素其实主要来源于生理基础。近 20 年来，脑科学、神经科学、认知科学、思维科学等学科的发展，为创新能力开发的生理基础研究提供了途径。

近代脑科学的研究成果表明，人的一生，仅仅运用了人脑能力的 10%，也就是说，人脑的功能绝大部分还未被开发出来。虽然人脑发育的关键期是在婴幼儿及青少年时期，但神经系统结构与功能具有终身可塑的特性，也就为智力开发以及创新能力开发提供了理论依据。20 世纪 60 年代，人类对左右脑功能区分的研究取得了突破性进展。罗杰·斯佩里博士和他的学生们进行了历史上著名的裂脑实验，证实了大脑不对称性的"左右脑分工理论"，并因此获得了 1981 年度诺贝尔生理学或医学奖。从左右脑的分工来看，它们对于产生创新思维都起着重要的作用。人们较早就认识到左脑的功能，而且在学校教育中，偏重于语言、逻辑等方面的训练，往往加强了左脑的功能。然而，右脑分管的形象思维，对于促进创新思维的发展具有突破性意义，因此，开发右脑，促进全脑的均衡发展，对开发创新能力具有决定性意义。

（二）外部因素

外部因素是指创新者自身因素以外的各种客观条件。它们是开发创新力的外因，主要包括社会条件、环境条件和物质条件等几个方面。

1. 历史背景和社会状况

历史上曾经多次出现创新人才辈出、创新成果不断涌现的时期，大多与政治稳定、社会安宁相关。例如文艺复兴时期的意大利人才辈出，但丁、达·芬奇、米开朗琪罗这些艺术史上灿若星辰的人物都出现在这一时期。我国的唐宋时期也是封建社会高度发展的时期，这一时期，创新人才和创新成果大量涌现，这都与历史背景和社会状况密不可分。

2. 家庭

家庭教育是每个人接触的最初教育形式，尤其脑发育的关键时期都处于家庭教育阶段。因此，家庭教育对一个人创新能力的发展具有重要的作用。家庭教育对创新能力的影响通过两个途径进行的，首先是先天性的遗传。上一代的各种生理和心理因素，有较大可能遗传给下一代。其次是后天性的潜移默化和教育训练。如果父辈在某一领域具有较强的创新能力，那么他们的创新方法、创新思维等都很容易在日常接触过程中传递给子女。如医学世家或书香门第都反映了这一现象的普遍存在。

（三）智力因素

创新能力和智力的关系到底是什么？创新能力常常被定义为产生新颖而有用的某种事物的过程。智力可以被定义为有目的地适应、塑造和选择周围环境的能力。

创新能力和智力之间有什么关系呢？心理科学的长期研究表明，创新能力与智力是一种相对独立、在一定条件下又相关的非线性关系，具体可归纳为如下四点：（1）低智商不可能有高创新能力；（2）高智商可能有高创新能力，也可能有低创新能力；（3）低创新能力的智商水平任意；（4）高创新能力必须有高于一般水平的智商。这种非线性的关系分布表明，高智商是高创新能力的必要条件，而非高创新能力的充分条件。更重要的是，这种非线性关系还表明，创新能力绝不仅仅是一种智力特征，更是一种人格特征，一种精神状态，一种综合素质。

（四）非智力因素

上述生理基础和智力因素，受先天遗传影响较大，主观可控程度较低，因此，下面列举几种后天可以进行培养和控制的非智力因素。

1. 人格

创新能力与人格特征也有密切关系。研究表明，高创新能力者具有如下人格特征：兴趣广泛，语言流畅，具有幽默感，反应敏捷，思辨严密，善于记忆，工作效率高，从众行为少，好独立行事，自信心强，喜欢研究抽象问题，生活范围较大，社交能力强，抱负水平高，态度直率、坦白，感情开放，不拘小节，给人以浪漫印象。

心理学家研究了具有什么样人格的人更能做出高创造性成就，实验证明，艺术和科学领域的高创造性者倾向于接受新体验、不守传统、低责任感、更自信、自我接受、高动机、有雄心、专断、敌对、易冲动。

区分高创造性儿童、青少年的人格特征基本上可以作为鉴别高创造性成年人的特征。儿童的智力对成人的创造性成就的预测性相对较低。

2. 动机

一般来说，动机是人的行为的驱动力。在创新活动中，有了强烈的创新动机，人就可以全身心地投入创新之中。即使遭遇困难和挫折，创新者也不会被吓倒。可见，动机是影响创新能力的重要因素之一。

四、教师的创新能力

教师的教育与教学工作是极其复杂而多变的，需要具有创新意识和创新能力。教师的创新能力是搞好教育和教学工作的关键。苏霍姆林斯基说过：我熟悉几十种专业的工作人员，但是没有——我对此深信不疑——比教师更富有求知精神、不满足现状、充满创新思想的人。只有善于思索和进行创造性劳动的教师，才能取得教育上的成功，才能在教育工作中不断有所发现，不断做出新贡献；而因循守旧和故步自封的教师，是很难胜任教育工作的。教师的创新能力主要体现在：

（1）不断追求，从不满足。经常体验到一种不满意自己工作表现的热情，总觉得自己做得远远不够，总是不断追求进步，对工作精益求精。

（2）正确分析和对待他人的经验。重视学习、研究他人的经验，总是根据新的具体情况，加以创造性地运用。

（3）掌握科学的育人艺术。掌握教育科学理论，自觉运用心理学、教育学上的规律。总之，每一位教师都应成为一个勇于创新的开拓者。

❀ 行动研修

创新能力的培养及训练，以及创新能力开发可以通过推广实施创新教育、进行创新思维练习、掌握运用创新技法和培养创新的个性心理品质等途径来实现。

一、推广实施创新教育

实施创新教育是开发创新能力的最根本、最有效的途径。推广实施创新教育，一是要在学校和各种培训中的各学科教学中多进行创新教育。在各学科教学中推广实施创新教育，可改变单纯地传授知识的教育方式，使所教知识在开发智力的基础上传授，从而使学生、学员在学习过程中就能使自己的创新潜能得以激活和发挥。使其不唯书、不唯教，有自己的独立见解，为创新能力的开发奠定良好的基础，更好地释放发挥自己的创新能力。二是要对在校学生、继续教育对象进行系统的创新理论和创新实践知识教育，国内外的这方面教育经验足以证明，这是提高创新能力的十分有效的途径。

二、进行创新思维练习

人的思维能力是进行创新活动的最重要、最根本的要素，它在创新活动中起着关键性的作用。任何一项创新成果都是思维的结晶。人们多进行诸如扩散、想象、联想、直觉、灵感等创新思维练习，就能增强思维的广泛性、灵活性，能大幅度地提高创新能力。

三、掌握和运用创新技法

求解问题如同过河，而求解问题的方法如同渡河的船只。做任何事情都有个方法问题，方法对了，可事半功倍，会顺利地到达彼岸；方法不对，则常常事倍功半，甚至劳而无获。创新技法在某种程度上可谓进行创新的工具。掌握了创新技法，就好比握有一把创新发明的钥匙，有助于打开神秘的创新大门。掌握运用好创新技法，可以有效地提高创新效率。

四、培养良好的、创新的个性心理品质

创新是一项复杂的系统工程，创新的主体必须具有良好的个性心理品质，才能更好地进行创新。因为创新成果的取得与其个性心理品质有着非常密切的关系，如理想、品德、勇气、意志、自信心、好奇心、观察力、记忆力等个性心理品质都对创新有着重要的影响。一个没有创新理想，即没有创新意识的人，不太可能会自觉地投入创新之中。所以，培养良好的、创新的个性心理品质也是开发创新能力的不可忽视的途径。

第二节　学习掌握创新技法　注重创新素质拓展

案例与分析

🜄 案例直击

教学名师李吉林是一位教学智者，在情境教育的实践探索中，她深感语文束缚在学科里，走不出新路。由此，她想到了美学、艺术，并找到美学的书刊来读。跨学科的思考，借鉴边缘学科，拓宽了她创新的思路。教育学、美学、哲学都是相近的，而文学和艺术更是相通的。这种相近、相通的周边学科帮助她跳出本学科，打开思路，找到灵感。

综合学习美学的心得和对艺术的理解，李吉林老师找到了新思路：利用艺术让语文教学美起来。她是这样具体操作的：用图画再现课文内容，创造性地将简笔画、剪贴画以及实物与图画共同组合，课堂就生动多了。至于无法用图画再现的课文又怎么办呢？她又想到了音乐，音乐往往比图画更丰富、更强烈。音乐像文学一样，也有自己丰富的语言、鲜明的形象、深远的意境，儿童很容易从音乐的旋律、节奏的感知中产生情感体验，激起相似的联想和想象。李老师的创新方法就是一种组合创造法。

🎋 案例评析

创造有法，但无定法，关键在于灵活运用。创新技法是人类在创新的过程中所运用的技能方法，也是创造学家根据创新思维发展规律和大量成功的创新实例总结出来的一些原理和技巧。创新技法的应用，既可直接产生创新成果，也可启发人的创新思维，可以提高人们的创新能力，促进创新成果的实现。教师应该掌握并运用各种创新技法，将各种技法灵活运用于教育教学之中，不仅提升自身的创新能力和水平，也提升学生的创新能力。

理论与应用

◎ 理论导航

古今中外的科学家、文学艺术家、发明家赖以成功的法宝不外乎两点：一是崇高的献身精神；二是对客观事物本质规律执着探索、不断向上攀登、不达目的誓不罢休的求真精神。具体到创新行为本身，还需要具备一定的创新技法。若把创新活动比喻成过河，那么技法就是过河的桥或船。从某种程度上说，技法比内容和事实更重要。法国著名的生理学家贝尔纳曾说过："良好的方法能使我们更好地发挥天赋的才能，而笨拙的方法则可能阻碍才能的发挥。"黑格尔认为方法是任何事物所不能抗拒的、最高的、无限的力量。笛卡尔也觉得最有用的知识是关于方法的知识。

创新技法是指创造学家收集大量成功的创造和创新的实例后，研究其获得成功的思路和过程，经过归纳、分析、总结，找出规律和方法，以供人们学习、借鉴和仿效。简言之，创新技法就是创造学家根据创新思维的发展规律而总结出来的一些原理、技巧和方法。

创新技法的意义：（1）它可以启发人的创新思维；（2）应用创新技法可以直接产生创新成果；（3）能够提高创新能力和创新成果的实现率。

我们主要介绍如下五种创新技法：智力激励法、设问创造法、组合创造法、类比创造法、列举创造法。

一、智力激励法（BS 法）

（一）智力激励法的含义

智力激励法，也叫头脑风暴法、奥斯本激励法，是一种集体型的创新技法。它是奥斯本提出的世界上第一种创新技法。智力激励法由于其科学性以及由它所取得的显著社会效果，吸引了众多研究者参加到智力激励法的完善、发展和应用活动中来。最终，智力激励法在美国及其他国家产生了广泛的影响，成为创造学最著名的方法，奥斯本也因此被誉为"创造学之父"。

奥斯本认为，人类的思维容易出现两种偏差。一方面，从个人的角度看，人们在解决问题的过程中往往习惯于本能地过早进行判断，而判断的依据通常是以前的经验，在此过程中容易形成定式而难以突破，无法创造性地解决问题。另一方面，从群体的角度看，在群体决策中，由于群体成员心理相互作用和影响，人们易屈于权威或大多数人的意见，形成群体思维，从而削弱了群体的批判精神和创新能力，降低了决策的质量。智力激励法就是要减少这两个方面的不利影响。采用智力激励法组织群体决策时，首先要集中有关人员召开专题会议，主持人以明确的方式向所有参与者阐明问题，说明会议的规则，尽力营造融洽轻松的会议气氛。并且主持人一般不发表意见，以免影响会议的自由气氛，由参与者"自由"提出尽可能多的方案。在此情境中，人们可以把自己融合在这个想象的情境中来充实自己的设想。人们在此环境中，能够摆脱外部对价值评价的压力，不必担心被别人讥讽为疯子，甚至可以去掉个人偏见。

（二）智力激励法的原则

"让头脑卷起风暴，在智力激烈中开展创造！"智力激励法有四个最基本的原则。

一是自由思考，有什么想法，即使它再荒诞不经、再不成熟都要放心大胆地表达出来，彻底解放头脑，任其天马行空、无拘无束；二是延迟评判，对于他人提出的想法不要急于表态，也切忌品头论足，不管你认为他人的想法多么幼稚可笑或者多么精准出彩，都不要进行任何异议或附和，只是尊重和倾听；三是以量制胜，尽量营造放松的探讨氛围，鼓励参与者发散思考，提出的设想越多越好；四是结合改善，在参与者大胆设想的基础上，鼓励彼此完善，或者进行结合优化，将类似的设想合二为一。

二、设问创造法

爱因斯坦曾说过："提出一个问题往往比解决一个问题更重要……而提出新的问题、新的可能性，从新的角度去看旧的问题，都需要有创造性的想象力，而且标志着科学的真正进步。"在发明创造中，"问题"正是创新的源泉和起点，是激发思想火花的导火线。提出独特的问题、巧妙地设问成为一种重要的技能。

（一）设问创造法的含义和特点

设问创造技法，简称设问法，是指围绕现有的事物，以书面或口头形式提出各种问题，通过提问，发现现有的事物可能存在的问题和不足之处，从而找出需要进行革新的方面，进而发明出新的事物。具体来说，设问创造法就是在创新活动中通过有序地提出一些问题，使问题具体化，缩小需要探索和创新的范围，启发人们系统地思考解决问题的可能性，产生创新方案的创新技法。

设问法的提出需提供一张提问的清单，问题涉及的范围比较全面，提问中使用"假如……""如果……""是否……""还有……"之类的词语，起到启发思维、促进想象的作用，使人很快进入假想，通过各种假设式的变换探索寻找问题的途径。

以提问的方式寻找发明的途径是设问法的首要特点。设问法抓住事物带有普遍意义的方面进行提问，所以它的应用范围广泛，不仅可以用于技术上的产品开发，还可以用于改善管理等多种范围。设问法的另一个特点是从不同的角度、多个方面来进行设问检查、思维变换，有利于突破思维定式，打破条条框框的限制。

（二）检核表法

奥斯本检核表法，又称设想提问法或分项检查法，是设问法中最典型的创新技法。它是由奥斯本发明的，是创造学界最有名、最受欢迎的创新技法之一。奥斯本在他的著作《发挥创造力》中，介绍了许多创意技巧。美国麻省理工学院创造工程研究室从这本书中选出九项，编制出"新创意检核表"，就是人们现在常提到的奥斯本检核表。

奥斯本检核表法的具体内容包括 9 个方面。

（1）能否改变功能、颜色、形状、运动、气味、音响、外形、外观，是否还有其他改变的可能性。

（2）能否增加些什么，如使用时间、频率、尺寸、强度；能否提高性能；能否增加新成分；能否扩大或夸张。

（3）能否减少些什么，能否变密集、压缩，能否微型化，能否缩短、变窄、去掉、分割、减轻，能否变成流水线。

（4）能否代替，用什么代替，能否采用其他排列、成分、材料、过程、能源。

（5）有无新的用途，是否有新的使用方式，能否改变现有的使用方式。

（6）是否能应用其他设想，是否与其他设想相类似，是否暗示了其他某些设想，是否可模仿。

（7）能否颠倒，如正负、上下、头尾、位置、功能。

（8）能否重新组合，能否混合、合成、配合、协调、配套，能否把物体、目的、特性或观念进行组合。

（9）能否变换，有无可互换的成分，能否变换模式，能否变换布置、顺序，能否变换操作工序、因果关系、速度、频率、工作规范。

奥斯本检核表法解决问题的一般过程可以概括为四个方面：第一，改变产品的感觉特征；第二，应用置换的方法；第三，寻找新途径；第四，逆向思考与重组。具体的操作程序是先针对待研究的对象，按照奥斯本检核表提供的九个方面的思考角度，从多个方面进行假设思考，然后在设想的基础上形成若干个新的解决方案，最后对所有设想的方案加以分析，产生最终解决问题的综合方案。

（三）六何（5W1H）分析法

5W1H法，也叫六何分析法，它是美国陆军首创、使用5W1H检核表的一种设问创新技法。

5W1H法就是通过连续提出六个问题，以打破惯性思维，求得突破。这六个问题是：（1）Why（为何，即创新是为了什么）；（2）What（何事，即什么是创新的对象）；（3）Where（何地，即从哪里着手）；（4）Who（何人，即谁来实施创新计划）；（5）When（何时，即从什么时候开始）；（6）How（如何，即具体的实施过程）。

5W1H法的具体操作主要包括三个步骤：第一，从六个角度对某种现有的产品、方法或初步发现的问题进行分析；第二，找出关键点以及目前不能解决的问题；第三，对可解决的问题寻找改进措施，若不能解决则进入问题的变换过程。

表1　5W1H法应用

项目	为何	何事	何地	何人	何时	如何
是						
否						
关键点						
变化						

在表1中，"是"和"否"的主要作用是将可做的和不可做的区分清楚；"关键点"是从众多事项中找出最重要的因素；而"变化"是指看一看问题是否有变化的倾向。

后来，人们在使用中结合实际情况又增加了第七个问题，也就是How much（成本，即成本条件）。我国的教育学家叶圣陶先生进一步将其扩展为6W2H法，增加了一个W——Which（目标，选择哪个对象），并戏称其为让人聪明的"八大贤人"。陶行知也曾写过《八位顾问》，与其有异曲同工之妙。6W2H 现在也被称为八何分析法，是一种行之有效的创新技法。

八位顾问

陶行知

我有八位好朋友，肯把万事指导我。

你若想问真名姓，名字不同都姓何：

何事、何故、何人、何如、何时、何地、何去，

好像弟弟与哥哥；

还有一个西洋派，姓名颠倒叫几何。

若向八贤常请教，虽是笨人不会错。

（四）系统提问法

系统提问法是庄寿强创建的一个以系统发问为先导的创新技法。该技法从事物的表象出发，找出它具备的主要特性或属性，将这些属性归纳后上升为几大类一般的抽象属性，然后抛开事物已有的特征，进行发散式的想象，得到许多备选属性。

结合表 2，以皮鞋的创新为例，来看看系统提问法的具体操作步骤。

第一，仔细观察待创新的物品，并按具体的主要属性做好记录，将现有物品的已知的、具体的属性在表格左侧依次记录为一竖列。

第二，把已知的、具体的属性分别上升到一般的属性，写在表格第二列相应处。

第三，按照一般属性概念的外延范围列出一系列具体属性，也就是与已知具体属性不同的未知具体属性。

第四，对第一、第三列中所写出的每一个具体的已知和未知属性进行发问。发问的模式是："为什么是"（已知具体属性）和"为什么不"（未知具体属性）。每发一问，都要尽可能找出理由来回答，这样就可由此引发其中的思维活动，找出一系列的肯定的和否定的属性及其理由，从中可以挑选出最理想或最有价值的属性作为创造的目标。

第五，将最有价值的创造目标在另一个表格中做详细记录。

表 2　皮鞋的创新

已知的具体属性	上升的具体属性	抽象属性概念的外延列举（未知）	发问	组合
白色	颜色	灰、黑、棕、红	1. 对第一列已知的具体属性问为什么，例如为什么是白色 2. 对第三列未知的具体属性问为什么不，例如为什么不是黑色	1. 灰色、尖头、麻质，鞋跟为方跟 2. 灰色、方头、缎面，鞋跟为尖根
圆头	鞋头形状	尖头、方头		
羊皮	材料	牛皮、麻布、缎面		
坡跟	鞋跟形状	尖跟、平跟、方跟		
……	……	……		

系统提问法的实施过程体现了人们由已知到未知、由特殊到一般再到特殊的认识世界的规律，具有明显的理论性、排他性、可思维性和可操作性，实践效果很好。

三、组合创造法

组合创造法是指将两个或两个以上独立的结构、原理等技术因素通过巧妙的组合或重组，以获得具有统一整体功能的新材料、新工艺、新技术和新产品的创新技法。组合不是胡乱的拼凑，系统、巧妙的组合有时能够导致重大的发明创造。

瑞士军刀就是最精彩的组合发明。被世界各地视为珍品的瑞士军刀，是由制造刀具的鼻祖埃尔森纳家族制造的。200多年前，瑞士军方迫切需要一种便于行军、携带方便的多用途刀子，于是就向以制刀闻名的埃森娜家族订购。经过精心设计，选择优质材料，埃尔森纳家族终于制造出符合要求的高质量刀具。此种军刀小巧玲珑，方便实用，且不易磨损，功能齐全，造型别致。

四、类比创造法

类比创造法，是指将待发明的创造对象与某一具有共同属性的已知事物进行对照类比，以便从中获得启示而进行发明创造。比如德国物理学家欧姆在研究电流流动时，将电与热进行类比，把通过导体的电势比作温度，把电流总量比作一定热量，运用傅立叶热传导理论的基本思想，再引入电阻概念进行研究，终于在世界上首先提出了著名的欧姆定律。由此可见，类比发明法需要借助于原有的知识，但又不能受原有知识的过分束缚。这一方法要求人们通过创新联想思维把两个不同的事物联系起来，把陌生的对象与熟悉的对象联系起来，把未知的东西与已知的东西联系起来，异中求同、同中求异，从而设想出新的事物。由于世界上所有事物之间都存在着某种程度上的相似性，因而类比方法不仅可用于同类事物之间，也可用于不同发展阶段的不同事物之间。所以说，世界上一切事物之间都存在应用类比方法而产生创新的可能性。

类比创造法的实施大致有以下三个步骤。

第一步，选择类比对象。类比对象的选择应以发明创造目标为中心。可以先分析所创造的目标物应该具有什么样的属性，特别是关键性属性，然后以此为线索去寻找有关的类比对象；亦可先粗略分析一个已知事物的属性，看其中有哪些属性与所创造的目标物相同，从而择定其为类比的对象。但无论怎样，类比对象都应该是创造者所熟悉的事物。在这一步中，联想思维，特别是相似联想思维很重要，要善于应用联想，把表面上毫不相关的事物联系起来。

第二步，将两者进行分析、比较，从中找出关键性共同属性。

第三步，在第一、二步基础上进行类比联想推理并得出结论。

五、列举创造法

列举是指将整体分解为各个方面或不同部分，然后罗列展开的一种行为操作。列举创造法是运用发散性思维来克服思维定式的一种创新技法。该技法人为地按某种规律列举出创造对象的要素并加以分析研究，以探求创造的落脚点和方案。

列举创造法常用于简单设想的形成和发明目标的确定，作为一种最基本创新技法，其应用非常广泛。列举创造法运用了分解和分析的方法，其要点是将研究对象的特点、缺点、希望点罗列出来，提出改进措施，形成独创性的设想。

（一）属性列举法

一般称为特性列举法，是由美国创造学家克劳福德（R. P. Crawford）研究总结出来的一种创新技法。运用该技法时先要对发明创造对象的主要属性进行详细分析（即将属性逐一列出），之后再探讨能否进行改革或创造。一般说来，要着手解决或革新的问题越小，越容易获得成功。运用克劳福德属性列举法的一般步骤如下。

第一步，将改进对象的特征或属性全部写出来，犹如把一台机器分解成一个个零件，每个零件动能如何、特性怎样、与整体的关系如何都列举出来，列出一览表。

第二步，从名词特性、形容词特性和动词特性三个主要方面进行特性列举。

第三步，在各项目下使用可替代的各种属性加以置换，引出具有独创性的方案。关键是要详尽地分析每一特性，提出问题，找到缺陷，再试着从材料、结构、功能等方面加以改进。

第四步，提出方案并对方案进行评价，使产品能够满足人们的需要和目的。

（二）缺点列举法

这是一般创造学中使用最广的创新技法。缺点列举法之所以最为常用，是因为人们常常有一种惰性，如对于看惯、用惯了的东西往往很难发现其缺点，也很少主动去找它的缺点，因而无形中便"凑合""将就"着维持现状，甚至用"理所当然""本该如此"等观点对待它，从而安于现状，丧失了创新的欲望和机会。缺点列举法，是指积极地寻找并抓住，有时甚至需要去挖掘（因为有许多缺点是极不明显的）各种事物的不方便、不美观、不实用、不省料、不轻巧、不便宜、不安全、不省力等各种缺点、问题或不足之处，从而确定发明创造目标的一种创新技法。

运用缺点列举法没有严格程序，一般可按下列步骤进行。

第一步，确定某一改革、创新的对象。

第二步，尽量列举这一对象事物的缺点和不足（可用智力激励法，也可进行广泛的调查研究、对比分析或征求意见）。

第三步，将众多的缺点加以归类整理。

第四步，针对每一缺点进行分析、改进，或采用缺点逆用法发明出新的产品。

❀ **行动研修**

以头脑风暴法为例的教学实施过程如下。

一、准备阶段

（一）教师的准备

首先，教师在头脑风暴教学中是担任主持人的角色，所以，教师不但要熟悉问题，而且必须熟练掌握头脑风暴法的处理程序、方法和技巧。其次，头脑风暴法仅能用来解决一些要求探寻设想的问题，不能用来解决那些需要做出判断的问题。最后，题目确定下来之后，教师要尽快通知学生，提前发放问题资料。应至少提前5～10天将所要讨论的问题发放给学生。

（二）学生的准备

学生必须认真研究教师发放的问题资料，并根据问题查找相关资料以供参考，这样才能有高质量的设想。此外，要准备好纸和笔，在讨论时及时把想到的设想记下来。

（三）工具的准备

除了用笔记录学生的发言外，还可以利用录音笔、录音机等设备来协助记录讨论会的全部过程，还可以准备幻灯片来播放讨论的主题和演示头脑风暴法的规则等。

二、实施阶段

这个步骤是实施头脑风暴法的重点，要想获得良好的讨论效果，必须在这一步上下功夫。会议一开始，教师可用幻灯片介绍头脑风暴会议的基本原则并补充说明要解决的问题，然后就开始讨论。实施头脑风暴法要注意以下实施细节。

（一）实施氛围

整个周围的环境和氛围的和谐是非常重要的，为使气氛轻松自然，让大家尽快适应规则，教师可先提出一些极为简单的问题，以让大家尽快进入状态。尤其要注意那些首次参加头脑风暴会议的成员，让他们尽快适应这种氛围与节奏。

（二）教师

教师是主持人，首先，对发言次序要有规定，最好要求学生按学号轮流发言，这样每个学生都有机会提出设想。其次，教师应鼓励大家提出一些从已经提出的设想中派生出来的设想，即连锁反应。另外，为了让每个学生都能自由地、大胆地参与探索和交流，教师不应受心目中最佳解题方案的影响，提问时不应暗示学生最佳的解题方向。这就要求教师应特别注意静下心来，与学生一起，从学生的思维层面上进行分析和评价，并适当点拨，哪怕学生由于思维水平低而"误入歧途"。因为我们不光是要教给学生知识，更重要的是教会学生思维与学习。

（三）学生

学生应积极思考，尽可能提出设想，不用害怕自己的设想会遭到别人的嘲笑，哪怕是"荒唐、怪诞"的设想。在讨论过程中，如果听到别人的设想后自己有了新的想法，应立即用笔记录下来，以免忘记。此外，负责记录的同学也要及时记下学生提出的设想和学生姓名，将所提出的设想进行编号，以便教师随时掌握设想的数量，以启发学生再多提出设想。

三、总结阶段

讨论结束后，应该对所做记录进行分类整理，并加以补充和完善。由于用头脑风暴法产生出来的构想大部分都只是一种提示，缺乏系统性、逻辑性，因此整理、补充和完善构想这一步就显得相当重要。总结过后，可再组织一次小组会进行评价和筛选，以形成最佳的创意。

第三节　加强终身学习能力　完善自身知识结构

案例与分析

案例直击

"人民教育家"于漪老师是"一辈子做教师，一辈子学做教师"的典范，她说："我一辈子学做教师有两根支柱：第一根支柱是勤于学习，第二根支柱是勇于实践。"两根支柱的聚集点就是不断地反思。

关于勤于学习，于老师指出，教育事业，是非常丰富又是非常复杂的，现在做老师一定要有时代活水。她用朱熹的诗词来说明教师努力学习的重要性："半亩方塘一鉴开，天光云影共徘徊。问渠那得清如许？为有源头活水来。"教师不天天学习、月月学习，哪里来的源头活水？她认为，首先是重要理论反复学，政治理论是精神支柱，专业理论是行动指南，都要学懂、想明白。其次要紧扣业务深入学，有时我觉得对某些问题好像是懂了，其实不然，读了一些大学者、大专家的文章，才茅塞顿开，才知道自己还没有登堂入室。

作为基础教育的老师，学问不要求高深，但要求基础扎实广泛。再次要拓开视野广泛学。我们那时学物理是牛顿，后来爱因斯坦做了挑战，而现在霍金又做了新的挑战。我想，作为老师不仅要有人文知识，而且要有自然科学知识，否则就无发言权，就没办法与学生沟通。

案例评析

创新型教师一定是加强终身学习能力，不断提升自身知识水平和完善自身知识结构的教师；也一定是善于捕捉新思想，勇于接受新事物的教师。教师职业的专业化发展趋势要求教师不断提升自身的专业化水平和具备从事专业工作所必需的基本知识：精深的学科专业知识、扎实的教育理论知识和广博的科学文化知识等方面。于老师指出了教师勤于学习的重要性以及应该从哪些方面进行学习。她还用物理学发展中，牛顿到爱因斯坦再到霍金的发展历程和经历的挑战与创新，来说明广博的知识对于教师发展的重要性。教师的专业知识是教师发展创新的"源头活水"，勤于学习是教师发明创造的"基石"。

理论与应用

理论导航

一、知识是决定创新能力的基本因素

创新者应注重知识的获取；需要善于捕捉、理解和支持新的思想；对于新知识和新思想要敏感、要有兴趣，要保持积极的态度。

（一）知识多少与创新能力的关系

知识，是人的各种能力的基础。知识是创新能力的重要组成部分，但并不是创新能力的全部要素。一个人创新能力的大小并不完全由他所占有知识的多少决定。所以我们并不主张人们盲目地获取知识，也不片面地提倡知识越多越好，更何况现代科学的发展使其每一个分支都变得如此庞大（有人统

计，现代科学在基础理论方面的学科已经达到 400 余种；在技术理论方面的学科已达 500 余种；整理学科门类已经超过 2 000 个），乃至一个人即使孜孜不倦地学习一生也难以掌握，或不可能完全掌握该分支（专业）中的所有知识。显然，这其中应该有一个适合于创新的最佳知识限度、最佳知识结构和最佳知识层次的问题。

（二）知识深度与创新能力的关系

除了知识的多少以外，一个人已掌握的知识的深度也与其创新能力密切相关。研究表明，由于人们对于不同知识的记忆程度和理解程度不一样，因而不同的知识在一个人头脑中就会形成不同的深度。

一个外来的知识信息通过人的感官和通过听课、阅读材料或其他学习途径而进入人的大脑之中，经过多次刺激后即可形成记忆，转化为他自己的知识。随着一个人学习的反复和深入，其记忆不断增强，对知识的理解亦不断深化，其知识在头脑中的深度就会不断加大。

一个人知识的多少并不决定他是否能创新，即：知识多的人可以进行创新活动，知识少的人也可以进行创新活动。但是很显然，知识的多少和知识深度层次的高低决定着一个人创新成果的层次、水平及其中的"科技含量"。换句话说，知识少的人一般不能进行高层次、高水平、高科技的创新活动，例如无论怎么开发小学生的创新潜力，他们也很难创造出宇宙飞船。但是，这绝不意味着知识少的人就不能进行创新活动。

（三）知识与直接创新原则

既然知识的多少并不一定决定一个人能否进行创新活动，就是说，知识多的人固然能够创新，但知识少的人同样能够进行创新，那么，人们为什么还一定要等到"知识多了的时候"才去创新呢？一个人的知识究竟要达到什么样的程度才能创新呢？这里要遵循"直接创新原则"。所谓"直接创新原则"，指的是人们在知识不多时，即可依据自己已有的知识对准相应层次的目标，直接进入创新过程，然后根据创新的需要反过来补充有关知识，进行创新的原则。

直接创新原则并不盲目强调一个人在创新前做长期的知识准备，因而可使创新主体的创新能力尽早得到发挥，以弥补失去的时间。对于个人来说，人类已有的知识实在太多了，以至一个人一辈子也学不完即使是一个门类、一个分支中的全部知识；再者，对于创造一个新事物、发明一个新产品而言，通常也不需要人类的全部知识，甚至亦不需要某一门类科学中的所有知识，这就为直接创新原则的实施提供了一定基础。事实上，古今中外所有的科学家、发明家、创新者在创新的道路上都是有意无意地遵循着直接创新原则的。

按照直接创新原则进行创新时，应该注意以下三点：一是创新的目标要选得准，所选目标的创新层次应该与自己已有知识大体相应，即对自己的创新目标要做合适的定位，如果目标太大、层次太高、超出自己知识水平太多，对自己创新能力的发挥并非有利；二是在创新中要充分发挥自己的特长（包括有利的环境条件）；三是要特别注意在创新中及时地、有针对性地补充有关知识，因为解决创新问题最终还是要靠相应的科学知识。

总之，创新能力与教师的知识素养密切相关，知识是创新得以发挥、发展的基础，是教师发展创新的智力前提。因此，教师要不断加强学习，丰富自身知识储备。

二、教师应该具备的专业知识

教师作为一个专业人员，必须具备从事专业工作所必需的基本知识。作为专业的教师，应该具备精深的学科专业知识、扎实的教育理论知识和广博的科学文化知识三个大的方面，而且这三个方面的知识应该是相互结合和交融的。

（一）精深的学科专业知识

学科专业知识，又称本体性知识，指的是教师所具有的特定的专门学科知识，如语文知识、数学知识等，它是教学活动开展的基础。教师在学科专业知识上应该向横、纵两个维度拓展和延伸。横向即要掌握本专业各主要领域的知识，了解整个知识体系和各知识之间的联系，并准确地把握知识的重点、难点和关键部分，能把所要教授的知识纳入整个专业知识体系；纵向即要把握本专业的历史、现状，探求其未来的发展。教师只有注意学科专业知识的不断发展，才能不落伍，才能常教常新。

（二）扎实的教育理论知识

教育理论知识，又称条件性知识，指的是教师所具有的教育学科方面的知识，它是教师成功教学的重要保障。教学工作是一种培养人的专业工作，"仅通晓一门学科并非必然地使他成为该学科的好教师"，正所谓"学者未必是良师"。教育实践离不开教育理论的指导和规范，教师不能没有教育理论的武装。教师必须努力学习教育学、心理学的新成果，并将其运用于实际的教学工作实践，不断提高自身的教育教学能力。

（三）广博的科学文化知识

教师必须具备广博的科学文化知识，以适应教学内容的多元化和教育对象特点的需要。教师的科学文化知识越广博，就越能满足学生的求知要求，就越能启迪学生的创新思维，就越有利于培养学生的综合素质和创新能力。

李吉林老师的成长经历

40年前，我是一名师范生，走出师范的校门，便走进了小学，这一进去就是40年。40年来，我感受最深刻的就是：不断塑造自我，努力提高自身素质。

在自我塑造中，最重要的是心灵的塑造，这是对高尚精神境界的追求。我爱学生，学生也爱我。我热爱和学生、青年教师在一起的生机勃勃的生活……虽然我的青春早已逝去，但是，我觉得我的心永远是年轻的。

这样的精神世界驱动着我，鞭策着我，我不敢怠惰，不肯荒废。于是，我会为寻找孩子观察的野花，在郊外的河岸、田埂专心致志地识别、挑选；我会为了孩子第一次感知教材，获得鲜明的印象，在家人熟睡的时候，一个人在厨房里练习"范读课文"；夜深人静之时，我进入教材所描绘的境界，会为文章中的人物深深感动，从而一个个巧妙的构思如涌之泉流泻而出；课堂中，我的一举手、一投足都能使学生心领神会；一场大雪后，我又会兴致勃勃地带着孩子们去找蜡梅，去看望苍翠的"松树公公"，然后和孩子们在雪地上打雪仗。当孩子们把雪球扔中了我，我笑得比孩子们还要开心，仿佛一下子年轻了几十岁。

我在读师范时，认真学好各门功课，还认真学画画、练美术字、参加诗朗诵会、创作舞蹈。我也很喜欢音乐，学指挥、练习弹琴。夏天在小小的琴房里练弹琴，尽管蚊子叮，浑身是汗，却乐趣无穷，整个身心都沉醉在琴声中了。这些在我后来的工作中发挥了很大的作用。

当教师之后，我坚持每天黎明即起，坐在校园的荷花池畔背唐诗、宋词，背郭沫若、艾青、普希金、海涅、泰戈尔等中外名家的诗篇，用优美的诗篇来陶冶自己的情操，我摘抄的古今中外的优秀诗篇，就有厚厚的几本。近20年来，为了搞教育科研，我又如饥似渴地学习教育学、心理学和美学，还阅读了许多中外教育家的论述及国外教学实验的资料，做了不少卡片。学习对一个教师来说是永无止境的追求。我常常用屈原的话来鼓励自己："路漫漫其修远兮，吾将上下而求索。"

三、教师应具备的专业素养

广义上的教师专业素养是教师具有高尚的师德修养和博大的人文情怀、渊博的学科知识和深厚的文化底蕴，以及先进的教育理念和高超的教育能力。这些不仅是教师职业专业化的前提条件，也是教师专业知识的具体体现。专业知识的积累和文化底蕴的叠加，造就了一个大众期待的教师形象。

（一）高尚的师德修养和博大的人文情怀

从专业的角度来讲，教师不仅必须遵守其职业道德的一般要求，还应力求追求崇高的道德境界和博大的人文情怀，这是教师专业精神的重要内涵。教师理当以服务为职业动机，敬业乐业，积极奉献，忠于职守，任劳任怨，以一种大爱的精神和博大的情怀满腔热情地对待所有学生，让教育充满着从教师心底流淌出的爱，让教育洋溢着深切的人文关怀。这不仅是教育的应有之意，也是教育的力量所在。学生往往是"度德而师之"，教师只有以身立教、为人师表，才能在面对学生时有自己的底气和地位。教育是一种充满情感的主体间活动，没有博大的人文情怀，就没有崇高的教育。从某种意义上讲，作为一个教师，最大的过错莫过于对学生没有爱；最大的悲剧莫过于失去学生对自己的爱。

（二）渊博的学科知识和深厚的文化底蕴

教师首先必须精通所教学科的基础知识并富有相关学科的知识。这里所讲的知识，包括知识本身和相应的素养。只有资之深，才能取之左右而逢其源。教师有了比较渊博的知识，才能透彻地理解教材，灵活地处理教材，自如地讲授教材。一些人认为，中小学教的都是一些成熟的基础性知识，因而教师不必有太多的学问，学生所学不过"一杯水"，教师以"一桶水"足以应对。这种看法是片面和肤浅的。如果站在教学即传递知识的传统教育立场上，这种看法是可以接受的。但如果站在教学不仅要传递知识，而且要开发潜质、激活思维、培养能力、丰富文化、陶冶情操的现代教育的立场上，这种看法就已过时。正因为如此，中小学也要逐步增加具有硕士学位甚至博士学位的教师。中小学教师和大学教师，都不可能把所掌握的知识全部教给学生，但具有渊博学识的教师，假定其他素养相同，他们在教学中和与学生的接触中，其影响力的深度、广度和持续性肯定有所不同。比如一个数学知识渊博的教师，他在数学理念、数学思维、数学文化以至整体的数学修养方面一般会更胜一筹，而这些对潜移默化地影响学生的数学素养是非常重要的；一个研读过数百部中外文学名著的教师，学生在他的语文课中所受到的浸润一般会更为透彻、淋漓。许多教师喜欢用"茶壶倒汤圆"来比喻教师教育能力的重要性，即教师再有学问，如果教得不好也是白搭，这是很有道理的。不过在做这种比喻的时候，切不可忽视"汤圆"，即学问的重要性。教师心中有"汤圆"倒不出固然可悲，但教师心中如果没有什么"汤圆"，即便倒得再流畅，也不过是"清汤寡水"；教师如果心中有许多"汤圆"，即便倒不出，倒出的"水"也会有些"汤圆"的味道和营养。所以，一个专业性教师，对学识的追求应该是坚持不懈的。

除了所教学科和相关学科的知识素养外，深厚的文化底蕴也是教师专业素养所必需的。文化底蕴是教师综合素质的重要内涵，它不仅有助于提升教师的人格魅力和整体形象，也综合性地影响着教育质量。专业性的教师不能只有"知识"没有"文化"，而须养成广泛阅读的良好习惯，把阅读作为一种精神享受，不断丰富自己的文化底蕴。

（三）先进的教育理念和高超的教育能力

高尚的师德修养和博大的人文情怀、渊博的学科知识和深厚的文化底蕴，还不能构成教师专业化的充分条件。教育是一种转化性的活动，即将教师的素养通过一定的教育影响内化为学生的素养。在现代教育中，这种"转化"是一门专业，教师的一切活动都是指向学生发展的，教师的一切能力都要落实到转化上，因此，教育能力是教师专业性的落脚点。只有渊博学识的人，只能是学者，不能是教师。尽管"懂"与"教"之间并非相差十万八千里，但毕竟远非一码事；尽管"懂什么"的确就可以"教什么"，但"可以教"与"教得好"远非一码事；尽管教育能力几乎人皆有之，但教育效果远非一码事；尽管所有的教师都在教育人，但所教育出来的人远非一码事。为什么一些著名学者上不好课？为什么一些既有学识又有爱心的家长断送了子女的前程？为什么一些教师如学生心目中的"过客"，而一些教师如学生心目中的"丰碑"？为什么一些教师的课令学生"如坐针毡"，而一些教师的课令学生"如沐春风"？这些都不是仅用学科知识的多少所能完全说明的。经验和理论都证明，教师可以成为专业工作者，专业性教师必须具有高超的教育能力和教育智慧。

专业性教师需将自己的教育能力建立在先进的教育理念上，自觉地以教育理论指导教育实践，不断增强教育家的意识。现代教育更需要的是教育家式的教师，而不是教书匠式的教师。二者的区别在于，教育家式的教师不仅实际工作出类拔萃，而且能形成自己比较独到的教育思想；教书匠式的教师虽然也可能教好书，但主要是个人经验长期积累的结果，具有较强的自发性和盲目性，过分注重技能技巧的熟练，缺乏教育理论的自觉指导。此外，教育家式的教师具有丰厚的文化底蕴和高层次的学术境界，他们对学生的影响和潜质开发往往是深层的、全面的和潜移默化的，其效力十分久远；教书匠式的教师文化底蕴和学术境界比较低下，往往只是片面依靠教书的技能技巧和驱使学生苦读死背，对学生的影响和潜质开发也往往是表层的、片面的和生硬粗暴的。教育家式的教师与教书匠式的教师层次相差甚远，犹如画家与画匠之别。诚然，最终能成为教育家式的教师毕竟是少数，但这并不妨碍每一个教师将此视为自己不断接近的目标，更看重其过程，更看重行走于专业化的"路上"。至少在思想方法上要遵循教育家的思路，"大气"一些，不要窃喜于雕虫小技，自满于熟能生巧。

四、终身学习——教师教育创新的不竭动力

"终身教育"于1965年在联合国教科文组织主持召开的成人教育促进国际会议期间，由联合国教科文组织成人教育局局长朗格朗正式提出。现代终身学习理念是形成于20世纪60年代并在80年代后期开始在世界各国的教育改革与发展中得以付诸实践的一种教育思潮。它强调人的一生是一个通过不断学习和受教育来逐步完善自我的过程。《庄子·养生主》中也提到"吾生也有涯，而知也无涯"这句名言。可见终身学习是一个从生到死，从摇篮到坟墓的教育历程，教师要将有限的生命投入到无限的学习中去。

终身学习不仅是中小学教师专业标准的基本理念，也是中小学教师职业道德的基本要求，同时是教师教育创新的不竭动力和教师实现自我发展的前提。终身学习理念要求教师学习国内外先进的教育理论，了解国内外教育改革与发展的经验和做法；优化知识结构，提高文化素养；具有终身学习与持续发展的意识和能力，做终身学习的典范。

❀ 行动研修

教师要想不断丰富和完善自己的知识结构，提升自己的知识水平，就要树立终身学习的理念，提高自学能力，制订有效的学习计划，运用好碎片化时间进行学习。

一、终身学习的途径与方法

教师必须崇尚科学精神，树立终身学习理念，拓宽知识视野，更新知识结构。在信息社会，教师必须把终身学习内化为自己的信念，从而在职业生涯中不断进取，更新教育理念；教师应该用科学的教育观指导学生发展，培养学生崇尚科学的探究精神，要让自己始终站在时代的前沿，引领学生努力学习，探究未来；教师在教学过程中应该运用现代化的教学手段，结合教学实际更新知识结构，丰富课堂信息，关注发展趋势，不断充实、完善自己。

教师必须潜心钻研业务，勇于探索创新，进而不断提高专业素养和教育教学水平。教师要自觉树立科研意识，结合工作实践，不断总结、提炼教学经验，成为研究型教师。现代科技发展给教师的专业生涯发展提供了广阔的平台，现代化多媒体教室、"云课堂"的出现，需要教师运用新的教学模式来适应这种新的课堂，对教师探索创新能力提出了挑战，同时能有效促进教师自身专业成长和学校教改。

教师终身学习的具体方法主要有以下两种：（1）参加系统的终身学习，包括积极参加继续教育、校本研习、各类成人教育以及远程教育学习等；（2）不断加强自学，包括钻研教材、听课与评课、阅读与积累、外出考察与观摩以及参加公开课、教学大奖赛等教学活动。教师的终身学习本身就是一种榜样示范。教师只有树立终身学习的理念，并付诸行动，才会影响到学生的学习态度及行为；教师只有具备不断学习的能力，才能提高学生的学习能力；只有学而不厌的教师才能教出学而不厌的学生。

二、提高自学能力，利用碎片化时间学习

对于老师来说，自学能力是最基本、最重要的能力，是获得知识的重要手段。在当前科学技术迅猛发展的情况下，对于创新者来说，单靠自己已有的那些知识，不是显得不太实用、太多、太繁杂，就是到使用时显得太少和

不够用。所以，为了建立某一创新目标所需要的最佳知识结构，就不能不依靠自学。真正的创新者，因为他们要创造前人所没有的新东西，所以他们无一不具备很强的自学能力。甚至有很多的大科学家、大发明家，如笛卡尔、拉马克、道尔顿、法拉第、爱迪生等主要是靠自学成才的。

充分利用碎片化时间学习，有时候比刻意利用一整天的时间学习更加有效。带着目的的学习更加能够让自己记忆深刻，而且不容易忘记。

（一）带着目的去学习

我们在百忙之中抽出的时间，自然是不容许浪费的，如果能够在学习之前带着目的，必然会有一种高效的收获，而且不会感觉到无趣。

（二）制订碎片化学习目标

虽然每天的时间不多，但是碎片化的时间也不少。可以根据每个阶段的零散时间制订一些学习计划，比如记下一个单词，看一页书，等等。

（三）制订短期目标计划

如果自己整块的时间比较少，这个时候可以通过短期的目标，将零散的时间规整，可以通过学习来整合时间，这都是很高效的学习方法。

（四）利用碎片化时间复习

有时候，我们刻意去学习的东西，如果长时间没有回头思考，就会容易忘记，因此，可以利用碎片化时间复习，这样也是比较好的办法。

（五）利用学习便笺

我们在利用碎片化时间学习的时候，不会携带很多学习资料，利用一些学习便笺，自然也能够更好地让自己轻松学习，高效记忆。

三、以学习者为中心，创造性地学习

这里介绍的是以罗杰斯的观点为代表的人本主义学习理论的重要观点。罗杰斯的"以学习者为中心"的学习观主张学习者要充分发挥自己的潜在能力，能够愉快地、创造性地学习。

（一）意义或经验的学习是重要的学习

人生来就有学习的潜能，意义学习必须利用学习者的这种先天的潜能。同时，在意义学习中，学习者的认识、情感都牵连在学习中，而不是单纯的心智活动。学习的内容不能脱离学习者的个人意义。意义学习和机械的、被动的学习是对立的。意义学习是一种主动的、积极的、具有自觉性的学习，因而学习者易于领会，对于培养良好的学习态度也有裨益。

许多意义学习都是通过学习者的实际活动进行的。学习者认真地参加学习活动，可以促进意义学习。例如让学习者自己选择目标，自己提出要解决的问题，自己寻找学习的资料，自己决定要做什么事情……会使他们感到学习的重要、学习的价值。

（二）学习是愉快的事情

学习是学习者认为正确的、愉快的经历。学习不是和别人竞争的工具，也不是个人未来地位的保证手段。高高兴兴地学习和愁眉苦脸地学习相比较，效果显然是不同的。为了使学习者愉快地学习，学习负担不宜过重，学习时要心情舒畅，要学会调整学习心态。

（三）学生必须懂得怎样学习

在学习中，学习者学会如何学习是更加有效和有意义的。在学习者学会如何学习的过程中，学习者的过去经验和在当前情境中的自我发现有重大作用。

学习者自己是知识的探求者，要学会思考方法，学会怎样去粗取精、由表及里地认识事物，要学会记忆方法、观察方法等。各种学科知识的性质不同、内容有别，因此，学习者必须针对不同学科的性质和内容选择有效的学习方法。

（四）学会自我引导

自我引导的主要意思是学习者决定学什么并自己发动学习活动。学习的东西最好能够满足学习者的需要和实现他的愿望，要不他就不会真心学到什么，并且会很快忘掉。学习者自己的内在动机，对于学习活动的发起以及学习效果都非常重要。

（五）重视情感在学习中的作用

当一个人对事物有所认识时，就会产生一定的情感（喜、怒、好、恶等）。好的学习不仅使学习者获得充足的知识，还会提供学习者发展情感的机会。因此，在制订教学计划时应把知、情二者融合起来，以获得完整的教学效果。学习者在学习中要扩大知识领域，更重要的是发展积极的情感。

四、制订合理的读书计划

我们制订读书计划无非就是想让自己有所提升，而这个提升的计划最好能够实现。读书要"以快为慢"，把慢功夫花在真问题上，运用"二八"原理，把80%的时间花在20%的重要问题上面。我们在制订读书的计划时，可以参照"以快为慢"的标准。

（一）重读书的质量，轻读书的数量

在制订读书计划的时候，很多人的计划很可能是这样的：我要在这一年读完100本书，或者每天读50页，十天读完一本书，等等。

这样的读书计划更多是偏重于量来说的。如果以"质"为标准，参照"以快为慢"的原则，我们可以把计划调整一下。它们可以是：在生活中应用50个从书中学习到的新概念；按照拆书的标准写50篇文章，提升自己的具体能力。

只有我们慢下来，轻数量，重质量，才能把真问题搞懂，打通知识的阻塞。

（二）以输出为目标，提高输入质量

要想知道书读得怎么样，输出是一个非常好的质量检验标准。当我们进行输出的时候，我们会发现，我们原以为理解的东西，其实还是有知识盲点的。这个时候我们就可以再回过头去重新看看书中的知识点，帮助我们巩固

记忆。输出的形式可以有很多种：跟别人分享，讲述书中的内容；撰写书评、拆书稿、说书稿等一系列的文章并发表；还可以是写读书笔记，这种读书笔记并不是单纯地摘抄，而是要联系自己的生活。

（三）以月份为单位，进行主题阅读

比如你在开年的时候为自己制订一份月度阅读的主题，可以根据你的具体情况进行时间和主题上的安排。这些主题可以是：时间管理、知识管理、压力管理、情绪管理、运营营销、亲子教育等。我们在进行主题阅读之前，先列一份书单，从这些书里找出最经典的三本书进行精读，剩下的书进行略读，安排好重点。这样我们在每个月都会有一个非常清晰的阅读目标，这一年的安排都了然于胸。再学习一些具体的阅读技巧，我们就可以在提升阅读效率的基础上完成高质量的阅读了。

五、如何监督自己完成读书计划

当我们制订完计划之后，最大的困难就在于执行。就拿最简单的早起来说吧，有的人天天想早起，可是天天闹钟响起了还是把它关掉了。那么，怎么监督自己执行读书计划呢？

（一）每天随身带一本书或者电子书阅读器

出门的时候，你会遇到这样的情况：等人、坐车、上下班搭地铁、无聊发呆。这些时候，你可以拿出自己携带的书籍来看。当然，不建议在很仓促的时间下看书，因为看不进去多少东西，也会让自己觉得难受。所以，如果这个空闲时间超过半个小时，那么就用来看看书吧。

（二）参加一个读书监督群

人是一种竞争的动物，当看到别人都在前面跑的时候，就算自己已经没有什么力气了，也会抬起腿再跑几步。因此可以选择参加读书监督群来强迫自己读书。不建议参加太庞大的监督群，人太多容易形成干扰。5～10人的群最合适，会对自己起到提醒的作用，但也不会有太大的干扰。

（三）建立惩罚机制和奖励机制

如果是自觉性好的人，可以进行自我惩罚。但是如果是自觉性不好的人，可以找朋友一起来互相监督。比如说，如果这两周没有读完一本书，就给对方发十元的红包；如果一个月自己都做得很好，那么就给自己放一个周末的假之类。

（四）现在就开始读书吧

拿起书桌上的一本书，开始读吧。

第四节　辩证看待压力　将压力转化为前进动力

案例与分析

案例直击

1924年，邓稼先出生于安徽省怀宁县。1948年，他远赴美国普渡大学留学。在拿到博士学位后的第九天，他毅然踏上了归国之路。

当时，有外国专家断言，中国人20年也造不出原子弹。而且当时由于外部环境影响以及国内物资的匮乏，原子弹的试验只许成功，不许失败。因此邓稼先承受了巨大的压力，在试验方案上签字时，手不停地颤抖。这一签，关乎着团队多年的艰苦付出与心血，关乎着国家的未来，关乎着民族的尊严，不能出丝毫差错……顶着重重压力，邓稼先和他的同事们进行了上万次的计算，最终敲开了中国人自主研制原子弹的大门。

案例评析

"两弹元勋"邓稼先的家国情怀和奉献精神令人动容。面对当时的科研压力，邓稼先及其团队化压力为动力，终于取得了成功。压力是每一个人在成长路上都会遇到的一种现实困境。教师的职业发展也会遇到压力，也会经历瓶颈期，这就迫使教师要转型、要发展、要变革、要创新，激发创新潜能。创新型教师应该以更自信的状态、更饱满的激情，更加积极地应对压力带给自己职业上的可能突破，巧妙地对待压力。你会发现，转变之后的你，更加强大，更加豁然开朗，更加海阔天空。

理论与应用

◎ 理论导航

创新潜力开发的一般原则是"用则进，废则退"。所谓"头脑越用越灵"，就是这个意思。在这一原则指导下，人们发现，创新潜力的开发是有一定规律可循的，这种规律可称为创新潜力开发的原理。与其相适应，现在又出现了若干有关开发创新潜力的途径。

创新潜力开发的原理——压力原理。

对于一般人来说，不论做什么事情，最好要有一定的压力。这一点更适用于创新。无恐则怠慢，怠慢则难以创新。没有压力，久而久之，人的意志会衰退，智慧会枯竭，才干会丧失，即使以前很聪明的人，也会因此而变得笨拙起来。所以，适当的压力对于创新是十分有意义的。压力是驱散怠惰、激发求知欲的积极因素。对于创新者来说，压力可能来自以下几个方面。

（1）社会压力——是指来自社会方面的压力。社会方面，指的是社会的制度、政策和法律等。要有效地调节社会对创新者的压力，可以通过提高创新者的觉悟水平、增强创新者的时代感和责任心来进行。强烈的民族自豪感和责任心，对于国家的寄托、民族的希望，都可以产生一股压力，即创新的动力。历史上有很多创新者，他们为了民族、为了国家、为了整个人类的进步而奋发向上，努力在自己钻研的领域里创新出崭新成果，做出了巨大贡献。其中很多人的成功就是由于社会压力通过其自身因素而起的作用。

（2）经济压力——虽然每个人对社会的需求层次是不相同的，但其中一个最基本的需求就是生存需求。生活在社会中的人，一方面具有永不满足现状的心态，另一方面又具有相对怠惰的心理，往往一旦达到了某种目的便不思进取了。所以，适当增加经济压力，不断进行反馈调节，也能促使人们继续发明和创新，以获得更好的经济效益。许多面临倒闭的工厂因职工创造出新产品而重新发展的事例是很多的。

（3）工作（环境）压力——由于工作上的需要而不得不进行某些创新活动。常见的各种科学院、研究所、攻关队、科研组等，其"功能"是在给研究者提供一定条件的同时，也对他们造成一种工作（环境）压力。当然，工作压力太大或许会把人压垮，但如果工作上没有压力的话，有时人的创新能力也是难以发挥出来的。

在实施创新教育时，可以对学生适当施加一定压力，以开发其创新潜力。例如要求学生必须对教科书的内容提出自己的独到看法，即使是错误的看法也没有关系。有些学生刚开始时虽冥思苦想却一无所得，甚至连吃饭时、睡觉前还在思考，最终还是提出了颇有新意的见解。事后他们认为："要不是老师逼一下，我们是不会动这种脑筋的。现在感到这样做很有效，使我们更富有创新精神了。"可见，适当的工作压力有利于人们创新潜力的开发。

（4）自我压力——是指来自创新者自身的压力，即来自创新者对于事业执着追求和对于学术刻苦钻研的自觉性。创新者给自己规定了某种目标，即形成了一种内在的自我压力。为人类做出重大贡献的科学家和创新者，通常善于利用自我压力，善于运用所掌握的知识巧妙地将外界压力转变为自我压力，从而调整自己的目标和行为，主动地开创新局面。

自我压力的实质是自己向自己挑战、自己与自己竞争，从而不断追求为自己确立的一个又一个更高的奋斗目标。法国作家巴尔扎克在 1834 年确定了创作 137 部反映法国革命后社会生活的定名为《人间喜剧》的庞大创作计划，当时就有 4 家出版商和他签约。之后，他便以惊人毅力朝着自己的目标前进，实际完成了 90 余部，取得了令人惊异的创作成果。

在压力原理中，逆境无疑是一种极大的外部压力。无数事实表明，逆境往往是通向成功的道路，"石压笋斜出，岸悬花倒生"。逆境更能锻炼创新者的品格，使其更茁壮成长，因此，曲折和磨难是人生的宝贵财富，可以使人更加清醒、更加成熟。可见，创新者需要辩证地对待逆境，积极地将逆境转化为自己奋进的动力。

❀ *行动研修*

一、如何缓解压力

现在，生活节奏加快，人们受到一些挫折以后，基本上没有什么修养缓和的时间，只能睡一觉然后投入到明天的工作中。这样的生活持续下去，压力就会慢慢积累，那些本来微小的压力积累起来就会造成严重的问题。很多时候，人们都是被一棵稻草压倒的：有时候我们因为一件小事大发脾气；有时候我们因为一件小意外而无法自控；还有的时候我们会因为小小的选择而迷失自我。这些都是压力积累起来造成的后果。

下面就来介绍一下如何通过各种简单的方法有效地释放压力。

（一）方法一：肌肉放松训练

步骤一：练习冥想。冥想的意思就是闭目冥思，通常的方法就是调整自己的坐姿，让身体舒适，然后慢慢闭上眼睛，想象一种场景，比如在海滩晒太阳，你可以想象一种静止的场景，场景中的所有的物体都是静止的，你可以改变观察的角度来看这个场景的不同物体；另一种就是活动的场景，你可以在想象的场景里散步，或者做其他事情。长期坚持冥想可以缓解压力，放松身心。

步骤二：呼吸训练。能够缓解压力的呼吸方法是使用腹部肌肉呼吸。也就是说，在呼吸的时候保持胸腔肋骨不动，通过腹部的肌肉运动来呼吸。通常所说的深呼吸其实是胸腔和腹腔同时扩张，也能起到快速缓解压力的作用。

步骤三：肌肉放松。这是主要的一种放松方法。让自己静卧在椅子上或者床上，然后从头到脚放松每一块肌肉，比如先放松额头，使额头舒展，肌肉都不紧张了，然后放松颈部肌肉，让头完全靠椅子或者枕头支撑，脖子不能用一点儿力。这样连续地放松身体的大部分肌肉，最后就能达到减压的效果。

（二）方法二：改变错误的思维习惯

同样的事情对于不同的人产生的压力是不同的，原因就在于每个人都有自己的思维习惯，所以错误的思维习惯会造成更大的压力。我们可以通过下面几种方法来改善自己的思维习惯。

步骤一：埋头于琐碎的事物可以减压。工作狂有很多种，其中一种就是通过工作来减压的人，因为工作可以让我们把注意力转移到琐碎的事物中，不必去想那些会造成压力的事情。其实，我们不必成为工作狂也可以减压，具体的方法就是：对未来做计划的时候记得把细节思考进去，重点写好你的短期计划，比如一天内的计划可以叫短期计划，而一个月的计划可以叫长期计划。为了减压，你要做好一天的计划，而不是一个月的计划。

步骤二：压力过大的时候可以先行动再思考。有社交恐惧的人在约见别人的时候往往压力很大，他会考虑自己该怎样说每一句话，但是这种思考是没用的，因为两个人的谈话内容是无法预料的，计划赶不上变化。这时候，你越思考压力越大，不等你考虑清楚，你已经被压得喘不过气了。为了减少压力，没有等问题想清楚就要行动。当然不是所有的事情都适用这个方法。

步骤三：顺其自然地看待事情的发展。这是一个很难理解的策略，森田疗法的基本原理就是"顺其自然"，但是森田本人就没有解释清楚这个概念。我们换一个角度来看的话，顺其自然就是接纳不能改变的事情，投身于可以改变的事物，做自己应当做的事情。

（三）方法三：选择正确的压力应对策略

我们可以把压力应对策略分为三种：无策略、以情绪为中心的策略、以事件为中心的策略。这三种策略各有优缺点，减轻压力的关键在于选择正确的策略。下面来分别介绍一下这几种策略。

步骤一：无策略。也就是我们产生压力的时候，自己没有意识到，或者即便是意识到自己有压力了，但是并不去采取措施释放压力，而是让压力自行消退或者慢慢积累。这种方法有时候有效，压力会逐渐消退，有时候却会造成更大的伤害。

步骤二：情绪中心策略。自己感觉压力大的时候主动找朋友帮忙解压，可以一起去吃喝玩乐；也可以找到心理咨询师，学习放松技术。我们所做的一切都是为了让自己感受好一些，以自己的情绪为中心，所以叫作情绪中心策略。这种方法对一些无法逆转的事情有很好的减压效果，比如亲人去世，事情无法改变，只能接受，找朋友帮忙或者找咨询师帮助都有助于解决问题。

步骤三：事件中心策略。我们能意识到是什么造成了自己的压力，于是我们努力地改变这件事情，比如当我们考试失败造成了压力的时候，我们会努力学习去减轻压力。我们所做的就是要改变造成压力的事件，而不是改变我们的情绪，所以叫作事件中心策略。这种策略适合于那些可以改变的事情。

二、跳出舒适圈

有很多人生活在自己的舒适区里，安逸地过自己的日子，一直没走出去，虽然短暂来说是幸福的，但是也会失去很多东西和人。为了自己的好，一定要让自己改变习惯，走出舒适区，才能有所成就。

（一）换位思考

有时候感觉受到压力压迫的时候，你可以换位思考一下，这样子就不会有太大心理压力了，也好说服自己走出去。

（二）大胆一些

有时候因为害怕、胆怯会坏了很多事情，所以一定要大胆，在你前面的不一定是深渊，没准儿是平原。你如果无法大胆地发表自己的看法，那么怎么能让别人信任你的能力呢！

（三）鼓励自己

因为待在温室，迈出的任何一步都需要做好久的心理斗争和思考。可以试想一下，如果能走出这一步，自己就是成功的，这种精神的鼓励也是一种好方法。

（四）挑战困难

如果一直安逸地生活在舒服的环境中，人是不能成长的。要不断地磨炼和超越自己，就要挑战困难，在困境中成长。试想，如果你在职场上，老板都用不到你，那你就是在混日子，离被淘汰不远了！

（五）设定目标，化整为零

一个人在有目标的生活状态下是积极向上的，只有一步一个脚印，踏实地去完成目标，才不会盲目地过日子。长时间的积累帮助你离开舒服的日子，走向自己想要到达的彼岸！

第五章

教师创新教育实践

第一节 了解创新教育内涵 全力实施创新教育

案例与分析

案例直击

2010年春节，长沙市天心区青园小学的陈果儿等7名10岁左右的小学生，办了一件许多人认为不可能的大事：主创、组织、导演了一台儿童版春晚——《2010年小小春节联欢晚会》，并在电视台和多家网站播出，成为不少媒体和网站关注的热点。

新鲜事不只这一件，天心区沙湖桥小学六年级学生周韬，在短短4年时间里，已有十几项发明，其中有两项获得国家专利，还有一项专利在申请中。他小小年纪，不仅上了中央电视台《走近科学——我爱发明》节目，还在湖南卫视《新闻联播》中露过脸。该区青园小学四年级学生朱治儒，2009年从美国捧回机器人大赛金奖，让美国教师对中国孩子竖起了大拇指！

是什么让这些孩子如此熠熠生辉呢？是该区近年来在全区范围内推行的创新教育，即以提高中小学生的创新意识、创新思维和具备创新活动所需要的相关素质和能力的教育教学实践。

案例评析

创新教育是以培养创新人才为基本价值取向，在使学生牢固、系统地掌握现代科学知识的过程中，通过启发诱导、激发训练等方法，唤醒学生的创新意识，训练学生的创新思维，完善学生的创新人格，提升学生的创新能力。创新教育已经成为学术界的共识。教师是创新教育的主要实施者和践行者，创新型教师要了解创新教育的内涵，全力实施创新教育。

理论与应用

◎ 理论导航

美国未来学家奈斯比特在《大趋势》一书中指出："处于伟大变革时代，我们最需要创新能力和创新精神。"美国心理学家阿瑞提在《创造的秘密》一书中则指出："如果我们想在更大范围内去促进创新能力，那么就应当在童年期、青春期、青年期通过教育体系，给予这方面更多的保证。"从这个意义上讲，"为创新而教"就成为当前和今后学校教育应该实现也必定要实现的教育目标和理想。

一、创新教育的定义和特点

创新教育是以培养受教育者的创新精神和创新能力为基本价值取向的，是调动各方力量，培养出具有创新精神和创新能力的学生的过程。应当依社会发展和国家进步的要求，有目的地培养受教育者，尤其是青少年学生的创新意识、创新精神、创新能力、创新人格。创新教育就是培养创新人才的教育。

创新教育的最主要的特点表现为主体性、互动性和创造性。

（一）创新教育的主体性

如前所述，创新系统的主体要素是人，客体要素是创新对象。创新教育本身也是一个系统，主体性是一个基本的特性。创新教育要求教师改变传统的教育观念，树立新的教育理念，在教学过程中发挥教师的主导作用的同时，切实保障学生的主体地位，促进学生的主动发展。

（二）创新教育的互动性

创新教育提倡对学生潜能的开发，以及对活动参与的积极性和热情。在教学活动中，要十分重视互动性。创新教育的课堂教学过程是以问题为中心、以活动为中心而进行的，是师生双向互动的过程。学生围绕问题积极主动地与自己原有的知识系统、情感系统不断互动，与教师、教材、同学等教学环境不断交流。在这种双向互动的交流中，学生的素质和创造性得到提升和发展。

（三）创新教育的创造性

创新教育的根本目的之一是发展创造性。学生的创造性及综合素质的提高在很大程度上依靠教师创造性的教学和学生创造性的学习。师生创造性的教学活动，是以其自觉性、主动性、积极性、责任心等品质的充分体现为前提的。没有师生之间创造性的教学和学习，便没有创新教育。

二、创新教育的内涵

（一）创新教育是一种价值取向

所谓价值取向就是指人们把某种价值作为行动的准则和追求的目标。因此，价值取向不同，准则与目标也不同。传统教育以传承知识为基本价值取向，其教育目标必然是使学生获得教师和教科书上的知识并积累知识，教师的教育方法必然是"传授知识"，学生的学习方法就是"接受知识"。创新教育以培养创新人才为基本价值取向，必然要将培养学生的创新精神和创新能力作为基本教育目标之一，教师的教学方法必然是"启发、诱导、研究、提升"，学生的学习方法必然是"批判、吸收、发展、挖掘"。创新教育的价值是：适合人的本性，提升人的生命质量，促进人类文化兴旺发达，让人性更为发扬光大，使人类社会不断创造辉煌，向着更美好的明天不断迈进。

（二）创新教育是一种教育原则

教育原则是教育教学过程中必须遵循的基本要求和准则，它贯穿于教育教学工作的各个方面。"教有法，但无定法"，这里前一个法就是指教育中的规律和原则，教育教学活动必须坚持和遵循教育规律和原则。教育原则是教育思想的浓缩和凝结，是对教育思想的归纳和概括。例如从捷克教育家夸美纽斯（Comenius）的教育应适应自然的教育思想中，人们概括出直观性原则、循序渐进原则；从德国教育家第斯多惠（Diesterweg）的师范教育思想中，提炼出教育的活动性原则，这与美国教育家杜威（Dewey）"教育即生长""教育即生活""教育即经验的不断的改造"思想密不可分；将孔子因人施教的思想凝结成因材施教原则等。在全球化过程中，为迎接知识经济的挑战，教育必须树立创新原则。

作为一种教育原则，创新教育在不同的教育层次上有不同的要求。教育机构既是人才培养的基地，也是知识的产生与技术创新的场所，创新教育更多地表现为培养学生的知识转化能力和创造新知的能力。但在基础教育阶段，创新教育的目的不在于使学生发明创造出多少新的事物，而在于通过有效的教育教学途径培养学生的创新意识、创新观念和创新态度，塑造他们的创新人格。因此，作为一种原则，创新教育是指学校的教育教学的工作必须以培养学生的创新素质为核心，通过积极的管理和有效的教学，更新学生的创新观念和态度，培养学生创新精神和创新能力，归结为一点就是"为创新而教"。

人们只有在继承前人的知识成果的基础上，才能有所发明、有所创新、有所前进。因此，传授科学知识不仅仅是创新教育的主体，也是创新教育活动的载体。为了能在传授科学知识的教育教学活动中，努力唤醒学生的创新意识，训练学生的创新思维，激发学生的创新精神，提升学生的创新能力，教师必须遵循创新教育的一些基本原则，如面向全体学生原则、以学生为主体原则、个性化培养原则、启发性教学原则、探索性教学原则、开放性教学原则、实践性教学原则等。如果不遵循这些原则，创新教育就会事倍功半。

（三）创新教育是一种活动

创新教育活动不仅渗透在课堂教学活动中，还包括培养学生创新素质的专门活动，包括社会教育机构为培养学生的创新素质而开展的一系列活动。人们往往把学校作为培养学生创新能力的最重要的机构，但学校绝不是也不可能成为唯一的机构。培养学生的创新素质是一项系统工程，它需要社会各界密切配合。培养学生的创新素质既可以通过学校内的课堂教学、科技活动以及专门的校本课程来进行，还可以聘请有专门才能的学生家长、科研专家做专题讲座来开阔学生的知识面，培养创新素质；此外，学校还可以和当地的科学机构合作，创设第二课堂，培养学生的科技素养和创新精神。由此可见，开展创新教育活动应该以学校为中心，在全社会建立系统协调的运作机制，这是实施创新教育的保证。创新教育活动主要有以下几种形式。

（1）探索性活动。探索性活动是创新教育最基本的活动，是指创新教育活动要贯彻探索精神。教师的首要任务在于营造一种生动活泼的教学气氛，为学生创设探索情境，提出探索性问题，使学生形成探索创新的心理愿望和性格特征。

（2）民主性活动。师生之间首先要有民主，才能有真正的师生平等；有了师生的平等，才有师生之间的沟通和交流。有了这种和谐的氛围，学生才敢于质疑权威，有利于展现自己的创新思维，培养自己的创新精神。

（3）互动性活动。学生的创新意识、情感、态度和创新能力通过阅读教材里的陈述性知识不会得到很大的改变。教学要使学生超越自己的认识，看到那些与自己不同的理解，看到事物的另外的侧面。基于这样的认识，教师与学生、学生与学生之间的社会性互动就成为必要。互动性活动就是在具体教学实践中通过学生之间的相互交流，丰富他们的认知，以利于学习的广泛迁移。让学生在同社会周围环境的互动中学会选择、判断，学会获取知识的方法，培养自己的创新能力。

（4）独立自主性活动。知识经济社会的一个特征是知识老化周期变短、产品换代加速，满足人们工作需求的90％的知识要在以后的工作中不断学习才能取得。因此，一个人如何通过有效的途径获得他所需要知识成为衡量创新能力高低的一个标志。培养学生的自主学习能力是开展创新教育活动的一个主要内容。

三、创新教育的意义

（一）创新教育是知识经济时代的基本职能

如今，创新教育在经济和社会发展中的需求已日益迫切，它要求从教育体系、教育模式、教育结构、教育方法以及教育内容等方面进行改革，对教育进行创新，切实提高受教育者的创新能力，为知识经济时代的到来培养大批符合时代要求的创新人才。

创新人才的培养是知识经济对教育提出的新使命。1992 年诺贝尔奖获得者贝克尔（Becker）教授最近指出："现代经济的前途在于知识经济，而知识经济的核心是持续不断地培养创新人才。"知识经济时代汹涌而来，一个人要想有所作为，必须努力提高自身的创新素质。一个企业乃至一个国家要想永远立于不败之地，就必须培养各种层次的创新人才。

（二）创新教育对人的发展有着极其重要的意义

创新教育对个人良好素质和人格的形成与发展具有重要作用。传统的学习是一种继承性、维持性的学习，这在农业社会和工业社会还可以解决问题。然而，在即将到来的知识经济时代，文化知识、科技以及经济发展瞬息万变，人们思考问题的方式也与以往大有不同。人们不仅要适应原有社会的生活规律，更需要改造和创造新的生活条件，不断完善自我，这就需要强调创新精神、创新观念、创新行为。人们也只有接受创新的教育，才能在知识经济社会中敏捷地接受新知识，才能创造世界，创新生活。

哈佛大学校长陆登庭（Rudenstine）在北京大学讲坛上有这样一段发人深省的话："在迈向新世纪的过程中，一种最好的教育就是使人们具有创造性，使人们变得更善于思考，更有追求的理想和洞察力，成为更完善、更成功的人。"卓越的创新能力充分地体现了一个人发现问题、积极探索的心理取向和善于把握机会的敏锐性。创新能力绝不仅仅是一种智力特征，更是一种人格特征和精神状态以及综合素质的体现。基于创新教育对人的发展有着极其重要的意义，1996 年，国际 21 世纪教育委员会的报告《教育——财富蕴藏其中》曾把它作为教育的最高目标："教育的任务是毫不例外地使所有人的创新才能和创新潜力都能结出丰硕的果实。"

人的发展是个体社会化的过程，将自然的人转化为社会的人，根本途径在于教育。人的自然遗传只是为人的发展提供了潜在的基础，其个性的发展、潜质的体现、性向的确定、兴趣爱好的养成均离不开后天教育的引导和影响，什么样的教育塑造什么样的人。知识经济时代的教育是以塑造学生的创新人格和培养学生的实践能力为重点的素质教育，教育必须承担起其培养创新人才的功能。

（三）创新教育有利于发挥教育在国家创新体系中的作用

国家创新体系是由与知识创新和技术创新相关的机构和组织构成的网络系统。中国科学院原院长路甬祥在其主编的《创新与未来——面向知识经济时代的国家创新体系》一书中，提出了国家创新体系的行为主体包括企业研究开发机构、科研机构、教育和培训机构、政府部门四个方面。其中，教育是国家创新体系的支柱和基础，是国家创新体系的重要组成部分。

传授文化知识和培育人才是学校的特殊功能和主要任务，知识经济时代的到来和社会生产力的巨大发展，直接推动和强化了学校培养创新人才的功能。知识经济时代的到来，无疑在知识传播和人才培养方面对学校教育提出了更高的要求，同时更强烈地呼唤学校教育在知识创新和应用、科研开发、高新技术成果转化等方面发挥智力优势。显而易见，教育在知识经济时代不可替代的作用，决定了教育是国家创新体系的重要组成部分。

❀ **行动研修**

创新教学是培养和发展学生创新能力的重要途径。在创新教学活动中，创新教学原则既是对创新能力自身规律的具体化，又是对教学实践经验的总结与升华。创新教学原则要求结合学生及各门学科的具体特点，充分挖掘知识内容中的创新元素，在完成知识传授、学生智力发展等任务的同时，着重塑造学生良好的创新思维品质，发展创新精神，培养他们善于创新、自觉创新的能力，从而造就大批的创新人才。因此，遵循创新教学原则进行教学，就能提高创新教学的质量；反之，则会影响创新教学的效果。

一、传授知识与发展智力相统一原则

在创新教学中，要求知识传授与智力开发并驾齐驱，辩证统一。系统的知识是智力发展的必要条件，智力的发展既取决于知识的掌握，又有助于创新能力的提高。知识既是人类长期积累和整理的成果，又是人类智慧和智力的结晶，其本身就蕴涵着丰富的人类认识的方法。学生只有在掌握知识的过程中学会获取这些知识的认识方法，并把这些知识和认识方法自觉地、创造性地运用到以后的学习与工作中去，才能逐步发展自己的智力，形成自己的创新能力。而智力的发展又有助于知识的掌握。无数事实表明，智力发展较好的学生，接受能力强，掌握知识牢固，能够举一反三、触类旁通，从而自觉地、积极地、创造性地学习，探求真理。

传授知识与发展智力是并重的，是辩证统一的。这就要求我们在创新教学中贯彻这一原则，做到如下几点。

第一，正确处理好知识与智力的关系，不可偏废。知识与智力互为条件，相互促进，相辅相成。两者既不可割裂对立，互相排斥，也不能彼此混淆。不能片面地强调某一方，否则必定适得其反，不利于培养学生的创新能力。

第二，实行启发式教学，促进学生智力发展。知识不同于智力，倘若我们的教师采用填鸭式的记忆性教学，即使学生头脑里被填满了一大堆知识，学生的智力也不会得到发展，他们只能变成书呆子。教师应采用启发式教学，积极启发学生思维，引导学生自觉地、积极地进行学习，正确理解知识，掌握和获取运用知识的方法，才能有效地发展学生的智力。

第三，教给学生系统的、规律性的科学知识。如上所述，知识是智力发展的必要前提条件，但并非所有知识都能促进学生的智力发展。比如一些不严谨的、零碎的、没有系统化的知识，不仅不能促进学生智力的发展，反而会影响其智力的发展。系统的、科学的、规律性的知识是指各门学科的基本结构，具体地说，就是每门学科的基本概念、基本公式、基本原则、基本法则等。教学实践表明，让学生掌握科学的知识的基本结构，确实有助于发展学生的智力。例如利用形声字结构进行集中与分散识字后，学生就能独立运用推理的方法来判断字的音、形、意，举一反三，认字速度很快。由此可见，教师利用学科的基本结构，将系统的、科学的、规律性的知识传授给学生，学生就可以举一反三、触类旁通，从而极大地促进学生智力的发展。

二、精心教授与独立思考相统一的原则

教学是师生双边的教育活动，需要教师精心教授，学生独立思考。因此，教师必须精心备课、精心讲课、精心辅导、精心批改作业。然而，毕竟教师的精心只能是给学生指明一个前进的方向，路还得靠学生自己去走，路途中的障碍还得由学生自己去扫除。俗话说得好，"师傅领进门，修行在个人"。

那么，教师在创新教学中，如何贯彻精心教授与独立思考相统一这一原则呢？应做到如下几点。

第一，教学要因材施教。教师讲授的内容既不能过难，也不能过易。过难，学生听不懂，不感兴趣，容易失去学习信心；过易，学生则会轻视学习，失去学习的兴趣。学生是学习的主体、学习的主人，教学效果最终要落实到学生的学习上。所以教师讲授的内容必须适当，要善于进行创新教学，同时，要有一定的"信息差"，使教学内容像树上的桃子一样，"跳一跳才可以摘到"。只有这样，才能启发学生独立思考，从而培养学生的创新思维能力。

第二，教学要生动形象。所谓生动形象，是指教师在教学时，不要平铺直叙、照本宣科，而要善于创设问题情境，恰到好处地提出一些富于启发性的问题，让学生独立思考。如有一位教师在教"压力"时，创设了这样的情境："一块长方体的砖头，放在沙滩上，怎样放置，它才陷得比较深？"又如有一位特级教师在教"摩擦力"一课时，创设了这样的问题情境："在非常非常光滑的水晶路面上，有一个静止的一吨重的大铁球，一只蚂蚁正在用力推大铁球，能不能推动呢？"像这样的问题情境既新奇又有趣，能激发学生思考，使学生积极参与到教学过程中去，变被动地接受知识为师生的双边活动，

这样就能很好地培养学生的独立思考能力和创新能力。

三、面向全体与兼顾个别相统一原则

创新教学应面向全体学生，既要使学生尽可能地达到统一标准并得到全面发展，又要承认学生的个体差异，针对不同学生的特点，采用不同的教学措施，使每一个学生的创新能力得到充分的发挥。

创新教学要面对全体学生，创新教学的目的就是要把每一个学生都培养成为社会所需要的创新人才。一方面，尽管学生的个性千差万别，但也有共性，因此，对全体学生要有一个全面要求，否则就难以实现创新教育的目标。另一方面，由于遗传、环境与教育等多方面的因素影响，每个学生的个性特征和发展水平必然有差异，倘若用同一个模式培养学生，有特殊才能的学生必将遭到埋没，而创新能力较差的学生则会遭到淘汰。因此，教师在创新教学中，要遵循面向全体与兼顾个别相统一的原则，做到长善救失，各尽其才，不拘一格，使每一个学生的创新能力都得到充分的、自由的发展。具体地说，教师在实践这一教学原则时，一是要面向全体学生，提出全面要求，兼顾两头，让所有学生都得到发展；二是要正确对待存在个别差异的学生，尤其要关照那些有特殊能力的学生。

四、博采知识与培养创新能力相统一原则

一方面，知识是创新能力发展的根本条件。知识贫乏，头脑中只有零散的、低级的、自然状态的知识堆积，而没有系统的、科学的、规律性的知识，就很难创造性地分析问题与解决问题，更不用说发明创造了。尤其是当代，科学技术日新月异，专业分工越来越细，各学科知识信息在成倍增加，文化知识周期在缩短，如果人们局限于现有的知识，故步自封，不去涉猎新的知识，那么，其思维及创新能力就很难得到进一步的丰富与发展。只有博采丰富的知识，新联系、新设想、新观念才会在头脑中不断涌现，才能不断地发明创造。尤其是那些具有广博的知识或掌握了许多交叉学科、边缘学科知识

的人，更能有出类拔萃的发明创造。因此，在创新教学中，教师应鼓励和引导学生博采大量的知识，"厚积"才能"薄发"。

另一方面，没有知识固然难以有创新能力，然而有了知识也不一定会有创新能力，知识与创新能力是不成正比的。如果我们把知识当作要务，死记硬背，生搬硬套，只能成为知识的奴仆，头脑只会僵化，即便知识再多，也只能是高分低能，其创新能力也不会高到哪里去。因此，教师在创新教学中，要注意引导学生灵活地掌握和运用知识，要指导学生把书读活，把书读薄，加深理解，掌握规律，提高学生分析问题与解决问题的能力，从而培养学生的创新能力。

五、主导作用与主体作用相统一原则

主导作用是指教师的主导作用。它是指在教学活动中，教师处于主导地位，学生只有在教师的指导和帮助下，才能在最短的时间内高速、高效地掌握人类创造的科学文化知识，从而提高自己的水平，成为创新人才。而主体作用则是针对学生而言的。在教学过程中，学生是学习的主体，是学习的主人，必须充分调动学生学习的积极性、主动性和创造性。在教学过程中，只有充分做到教师主导作用与学生主体作用相统一，才能获得最优化的教学效果。因此，我们在创新教学中，首先，要引导学生进行探究性学习，引导学生去探究一些问题，启发他们自己去发现人们已经发现的真理。其次，培养学生浓厚的学习兴趣和强烈的求知欲望。我们知道，兴趣是学习的动力，求知欲望是探求真理的一种富有感情色彩的心理倾向，浓厚的学习兴趣与强烈的求知欲望是提高学生学习积极性、自觉性和创造性的重要因素，也是学生发现、发明与创新的前提。培养学生的学习兴趣与求知欲望，必须激发学生的求知需要，使学生产生求知的欲望。因此，教师在教学中，教学方法要多样化，要保护学生的好奇心，鼓励学生大胆提出问题、进行创新思维活动，培养学生主动探求的精神。

第二节 造就创新型教师 培养创新型学生

案例与分析

案例直击

窦桂梅老师是清华附小的校长,她指出,一所有追求的学校,一定要有危机意识,主动创新发展模式。而这种主动创新是一个大命题,涉及课程、教学、测量、评价等学校教育的各个层面,每所学校都可以根据自身不同的情况,寻找到创新的起点。教育要面向未来,无论是校长还是教师,都要有强烈的创新愿望,为学校营造适应未来发展的"学习场",进行积极的内部"创新装修"。

近年来,清华附小比较重视教育教学的变革。以优秀传统文化的继承为例,如何激活传统文化里的智慧,实现文化传承的时代性改造,从而激发学生内在的动力,让他们将对于文化的传承作为生命自身的需求?学校让学生根据自身兴趣,组成自主性项目研究小组,主动探索感兴趣的主题。各种各样的"小课题"研究实现了学生对课程的构思、设计和实施,让学生成为校本课程的创造者,而且让孩子们在探索过程中释放了想象力与创新能力,培养和磨炼了解决问题的能力。

案例评析

联合国教科文组织在《学会生存——教育世界的今天和明天》中指出:"教育既有培养创新精神的力量,也有压抑创新精神的力量。教育在这个范围内有它复杂的任务。这些任务有:保持一个人的首创精神和创新力量而不放弃把他放在真实生活中的需要;传递文化而不用现成的模式去压抑他……"创新教育应该在日常教育之中,不是另起炉灶的一种新的教育体制,而是在创新的学校管理和学校环境中，在由创新型教师通过创新教学方法培养出创新型学生的过程之中。在这个过程中，既造就创新型的教师，又培养创新型的学生。

理论与应用

◎ 理论导航

一、创新型教师的评价标准

从某种意义上说，创新教育是一项专门培养学生创新能力的系统教育。因此，创新教育的实施需要具备相应的基本条件，首先就是要有一批富有创造性的教师。

教师在实施创新教育中无疑占据主导地位，因而实施创新教育的首要条件是要有创新型教师。怎样的教师才算是创新型教师呢？下面所列就是衡量的主要标准。

（1）必须有强烈的事业心，忠诚于教育事业，有为振兴民族、为复兴国家、为真理而奋斗的大无畏的探索和开拓精神，不迷信权威，不墨守成规，勇于坚持真理，善于修正错误。只有这样，教师才能在教学过程中以自身优势有效地激发学生的创新精神。

（2）必须有较高的创新思维能力，熟悉思考问题的方法，也就是要基本了解科学的方法论，掌握创造学的基本知识，从而能够指导学生进行创新活动。

（3）必须懂得教育科学，了解教育的规律和方法，同时在教学过程中能把握学生的心理状态和情绪特点。

（4）要精通本专业知识。在创新教育中，教师对于具体的材料可以不讲或少讲，主要讲授的是概念、观点、方法和原理。因而教师必须能够在教学中合理精选材料，能做到用最少的知识材料即可讲出明确的概念、正确的方法、鲜明的观点和基本的原理。

（5）要有广泛的知识基础。创新教育的教师应当一专多能，不但在自己研究的领域是一个专家，而且对于相关、相近领域的科学知识也应当熟悉。

（6）要非常热爱学生，这种热爱主要体现在如下方面。

一是相信学生的创新潜力，相信学生能够赶上并超过自己，并为之做出最大的努力。

二是与学生平等相待，对学生热情，谦虚，平易近人，在与学生商量、讨论问题时，要尽量看到学生的长处，关心学生成长。

三是努力做到身教与言教相结合、课内教学与课外教育相结合，处处为人师表，做学生的表率。

四是经常与学生接触，了解学生的优点和能力界限，善于引导学生提出各种问题，热情赞扬学生的创新精神，对于学生的创新设想要推迟评判。

五是要创造性地宽容学生。富有创造性的学生常常表现为不大听话，教师对学生应做到学业上的严与其他方面的宽相结合。

六是积极地为学生提供一种创新的环境，能及时捕捉闪烁在学生头脑中的创新火花，并将其引导到正确的轨道上，直至燃成熊熊的创新之火。

七是正确地评价学生，决不简单地把富有创造性的学生当作有问题的学生或"不听话"的学生看待。

总之，教师的创新素质和水平如何，将直接影响到学生的创新学习成绩。研究表明，如果教师自己有高的创新能力，那么，有才华的学生必会取得极好的成绩，创新能力弱的学生一般成绩会偏低；但是，如果教师处在"创新能力标尺"的下端，那么，能力弱的学生成绩会比较好，而才华出众的学生成绩则反而偏低，常会被埋没而不能充分发挥其才能。可见，教师自身的创新能力在创新教育中非常重要。

二、创新型学生的心理特征

创新人才应该具备创新精神和创新能力两方面的条件。其中，创新精神主要由创新意识、创新品质和创新潜质构成。创新能力则包括人的创新感知能力、创新思维能力、创新想象能力、创新设计能力和创新推演能力。从二者的关系看，创新精神是影响创新能力的重要的内在因素和主观条件，而创新能力则可为丰富创新精神提供最有利的理性支持。

创新型学生是创新教育的产品，也是学校创新教育的培养目标。这里从个性特征、行为特征两个方面来分析创新型学生的特点。

（一）创新型学生的个性特征

根据国内外的研究，创新型学生多表现出以下个性特征：（1）兴趣广泛，对创新有强烈的好奇心。（2）目标专一，有毅力。这主要表现在坚持不懈地努力，百折不挠，不达目的不罢休，顽强地克服困难，敢于冒犯错误的风险而标新立异。（3）独立性强。创新型学生往往喜欢独立行事，很少依附众议，热爱生活，有抱负，有强烈的独立性要求。（4）自信心强。深信自己的所作所为是值得的，即使受到别人的嘲讽也不改变信念。（5）情感丰富。创新型学生办事热心，对创新充满热情，有高度责任感，易冲动，有时比较调皮，甚至放荡不羁，似乎精力过剩。（6）一丝不苟。创新型学生总是用严厉的眼光审视周围，不会人云亦云，而且勤奋好学，孜孜不倦、锲而不舍地探索未知世界。

（二）创新型学生的行为特征

创新型学生除了在个性上有独特之处外，他们在行为表现上也是不寻常的。德国心理学家海纳通过调查指出了创新型学生有下列 12 种明显的行为：（1）内倾多，外倾少。（2）很少受暗示，有自己的评价标准。（3）不依赖某个集体。（4）高分数的情况不如别的同学多。（5）提问多于非创新型学生。（6）思维极其灵活。（7）诙谐、幽默。（8）在其他同学面前经常表现出不善于交际、不乐于助人的举止。（9）宁愿一个人独立地工作。（10）觉得自己与父母、教师及同学之间有距离和隔阂。（11）倾向傲慢，觉得自己胜过别人。（12）从社会关系看，不属于那些惹人喜爱的人群。

美国心理学家托兰斯（E. P. Torrance）对 87 名教育家做了一次调查，要求每人列出 5 种创新型学生的行为特征，结果如下（百分数为该行为被提到次数的比例）：

（1）好奇心强，不断地提问，18％。

（2）思维和行动的独创性，38％。

（3）思维和行动的独立性，个人主义，自足，38％。

（4）想象力丰富，喜欢叙述，35％。

（5）不随大流，不依赖集体的公认，28％。

（6）乐于探索各种关系，17％。

（7）主意多（思维流畅性），14％。

（8）喜欢搞试验，14％。

（9）灵活，12％。

（10）顽强、坚忍，12％。

（11）喜欢虚构，12％。

（12）对事物的错综复杂性感兴趣，喜欢用多种思维方式探讨复杂的事物，2％。

（13）敢于幻想，10％。

虽然这两个结论不尽相同，但有其共同之处。可以看到，创新型学生的行为特征多是：好奇、思维灵活、独立行事、喜欢提问、善于探索等。

三、学生时期的创新实践是培养创新人才的基础

（一）学生是天生的创新者

基础教育阶段的对象——中小学生是具有多方面发展的潜能的。潜在性是指学生具有较强的可塑性，存在着多方面发展的可能性。学生的这种潜在性是多方面的，有智力、创新能力方面的，也有情感、兴趣、艺术品性方面的。这种潜在性最初的表现也许只是个微小的瞬间，仅仅表现出学生的一种喜欢、希望或倾向性，但教师、家长如能抓住并鼓励、发扬光大，就会让学生的潜在性从幼苗长成大树。学生创新行为的潜在性比较多地表现为发问，如地球是什么形状的？鸟为什么会飞？流星是怎么回事？……这种问题是学生日后创新行为发展的萌芽。学生从小表现出来的好奇、发问和观察，正是

他们长大后致力于对观察结果进行探究、创新的基础。

由于学生创新潜能的最初表现是非常微小的，所以认识到学生具有创新的潜能，认识到学生是天生的创新者，就有助于我们去呵护与发扬学生创新的"幼苗"，以便使其长成"参天大树"。例如德国数学家高斯早在小学读书期间就显现出一定的数学天赋。他在计算教师布置的一道 1 到 100 求和的习题时，没有用一般的常规方法从 1 加到 100，而是采取了较为独特的方法。他把这串数字首尾相加得 101，共有 50 个 101，然后把 101 与 50 相乘，很快就得到了 5050 的答案。这一与众不同的表现使教师发现了其潜在的数学才华，在以后的教学中，教师就加以精心培养。可以说，高斯之所以成为数学家，固然有多方面的原因，但是，这位小学数学教师在高斯小学教育阶段对其数学潜在能力的及时发现与培养是起着至关重要的作用的。

（二）学生是能动的创新主体

学生不仅具有创新的潜能，还是能动的创新主体。认识到这一点，有助于教师有意识地在教育过程中促进学生创新行为的发展。

在教育过程中，学生的能动性表现为他们具有强烈的求知欲和好胜心，以及他们对教育活动强烈的参与性。教师要看到并切实地发挥学生的能动性，不是一件容易的事情。因为家长、教师往往会低估学生的能力，或者说因为期望他们能做得像成人那样，而不放手让他们自己去做。如果因为孩子第一次系鞋带的时候打了个死结，父母就不再给他买需系鞋带的鞋子；如果孩子第一次洗碗就打破碗，父母从此就不让他洗碗；如果因为教师在学生主动回答问题时出错就对其横加指责，那么，学生在成长过程中的能动性就会逐步丧失。事实上，哪怕是幼儿园里的小朋友都已经具有能动性。吃饭、整理玩具时，他们总是嚷嚷"我来、我自己来""我自己吃，不要喂"。小学阶段的学生能动性更强，因为与幼儿相比，他们已经具备了不少的经验与知识，具有了初步的交往合作和思考问题的能力。随着年龄的增长，中学阶段的学生能动性更为强烈。然而这还不是我们强调能动性的主要原因。更主要的原因在于学生是教育过程中不可替代的主体，没有学生学习的能动性，没有学生在教育活动中的积极主动参与，教育就不能取得预期效果。同样道理，如果没有学生能动的创新实践主体性，学生创新行为的发展也会成为一句空话。

应当指出，学生创新行为的发展是渗透在课堂内外的各项活动，特别是学习活动中的。从苏格拉底的"助产术"到卢梭的自然主义教育思想，以及杜威、皮亚杰的建构主义教育思想，都认为学习是一种积极的建构。这些观点强调知识是通过经验获得的，学习者必须积极主动地参与教学，在与教学环境相互作用的过程中，积极地建构知识框架。一味地靠重复强化和外在的诱惑或威胁来维持学习活动和产生学习效果，其后果不仅是学习质量和效益的降低，更严重的是抑制了学生作为人所必须具备的主动性和能动性的发展，影响学生积极主动的人生态度的形成。这就使得他们不能真正体会到学习的愉悦，不能体会到因主动性发挥而得到的精神满足和能力的提升，从而阻碍学生创新行为的发展。

因此，中小学教育不能只顾眼前利益，而应该更注重学生的可持续发展的后劲。那种急功近利，为了在考试、检查、评比中获得期望的成绩，而不惜以牺牲学生的身心健康为代价的做法是不得当的。

（三）学生是未来的创新人才

科学与创新是紧密联系在一起的。科学研究具有创新的特征，科学研究成果也是创新的结果。所以，从科学教育入手，是促进学生创新行为发展的重要手段。儿童期是人的身心发展的重要时期，这一时期的教育，为儿童的发展奠定基础。所以，通过中小学阶段的科学教育，让学生经历科学创新的初步实践，有助于促进学生创新行为的形成，是培养科技创新人才的基础。

在中小学阶段，学生对周围世界有着强烈的好奇心和探究欲望，他们乐于动手操作具体形象的物体，这一时期是培养学生科学兴趣、发展学生创新精神的重要时期。一些伟大的教育家、科学家、哲学家认为对学生进行科学教育，使他们能获得初步的科学知识及经历初步的创新实践是十分必要的。夸美纽斯在《大教学论》一书"母育学校的素描"一章中用比喻的方法指出："树木刚一生成便长出日后成为主干的嫩枝。在这最初的学校里面，我们也必须把一个人在人生的旅途中所应当具备的全部知识的种子播种到他身上。我们只要把知识的全部领域简单察看、浏览一下，就可以知道这是可能的。"夸美纽斯还具体论述了对儿童进行科学教育的内容，"天文学的初步在于知道何谓天体、日、月与星辰，并且注意它们按日升落的情形"等。英国生物学家赫胥黎也是儿童科学教育的热心倡导者，他认为对儿童进行科学教育要趁早，从儿童开始说话时就开始；美国科学史家乔治·萨顿也提倡对儿童进行科学探索的教育，他说应该教给所有年龄的男孩和女孩一些科学知识。从以上几位思想家的观点中，我们可以看出他们一致认为中小学阶段的科学教育具有重要的历史价值，对学生进行科学探索的教育不仅是必要的，而且是可行的，是他们日后成为科技创新人才的基础。

另外，从伟大科学家的成长历程，无论是科学革命的领头人物牛顿，还是发明家爱迪生、科学家爱因斯坦、生物学家达尔文，他们的童年生活中都有一个共同的特点，就是从小经历了初步的科学探索实践，具有对大自然和科学的兴趣，这种浓厚的兴趣唤起他们废寝忘食的钻研劲头，使得他们最终纷纷打开了科学之门。正是他们从小养成的那种创新品质，那种勤奋好学、永不满足的精神，造就了这些科学巨匠的辉煌灿烂的一生。

所以，个体在学生时期对自然进行的科学探索，经历的创新实践，可以进一步强化个体的探索精神，个体内在的求知欲望更为强烈，为进一步形成科学志向、科学理想，取得创新成果奠定坚实的基础。如达尔文的父亲是位医生，又精心从事家庭果园的园艺劳动，种植各种花卉、果树和观赏树木等，这对达尔文从小喜爱各种生物产生了重要的影响。6岁时，达尔文经常和妹妹爬坐在屋后一棵大栗树的枝丫上，观察四周大自然的景色。据达尔文回忆，他俩在这棵树上各有自己固定的坐处。7岁时，达尔文经常在花房中观看父母嫁接果树和花卉，同时帮助搬移花盆等。母亲开始教他认识和观察花卉的形态，记住各种植物的名称。8岁时，达尔文就喜爱野外生活，经常爬树掏巢，捉蝉扑蝶，钓鱼捞虾，甚至挖取蚯蚓、捕捉小虫等，对园艺工作产生了兴趣。他还经常做父亲的助手，一同植树种花，并到野外采集花卉。也就是在这一年，他回忆说："我被送到希鲁兹伯里城内的一所日校当走读生，念了一年书。在这所日校念书期间，我对自然史，尤其是对搜集工作方面逐渐产生了浓厚的兴趣。我尝试给植物规定名称，还去搜集各种各样的玩物：贝壳，火漆封印，纸币和矿石。我想要成为一个研究分类的自然科学家、古玩收藏家或者守财奴，这种欲望已经十分强烈……显然我在这小小的年纪，就已经对植物的变异性产生了兴趣！当时，我对另一个孩子说：我有本领，用几种有色的液体去浇洒在多花水仙（多花太平花）和报春花的植株上，把它们培育成各种不同颜色的花。这当然是天大的谎话……"很显然，儿童时代的达尔文与自然的接触，激发了他对自然科学，尤其是生物学的浓厚兴趣和探索热情，这为他后来决定登上贝格尔号轮船进行航海考察提供了逻辑前提，从而为提出生物进化论奠定了基础。

综上所述，一个人早期的科学探索经历会对其科学的兴趣及研究产生多么富有决定意义的影响。所以对中小学生进行早期的科学教育，使他们经历初步的创新实践，对于他们创新行为的发展，对于创新人才的成长具有十分重要的影响。

四、教师对学生创新行为的积极影响

教师是影响学生创新行为的重要他人。培养创新人才，离不开教师。教师作为创新教育的组织者、指导者与参与者，对学生创新行为的形成起着至关重要的作用。教师既能发挥自身的创新能力，又能发现和开发学生的创新能力。从这个意义上说，创新是教师的必备素质。

在日常生活中，我们时常这样定位教师的角色：优秀的教师是学生的良师益友。的确，对学生而言，除了家庭生活以外，学校生活是其成长中极为重要的一部分。如果将学生比喻成一叶扁舟，那教师无疑是那个掌舵的人，教师的一言一行会对学生产生重要影响。家长、教师与同伴往往成为学生互动性重要他人的对象。那么这三者就一定会成为学生的互动性重要他人吗？这就取决于其在学生心目中的地位以及对学生生活的影响程度。就以教师而

言，当他成为重要他人的角色时，他将作为学生的导师，在学业上、生活上给予学生帮助和意见。

（一）创新型教师促进学生的主动创新

创新型教师能激发学生的创新能力与学习成效，从而有效地提高教育品质，提升教育竞争力。一般来说，教师的素质主要包括教师的职业道德素质和业务素质，这些素质对学生的影响主要表现为以下几个方面。

1. 教师的创新教育观念对学生创新的影响

创新是人的一种潜能，主要依靠创新教育去开发和培养，是一种新的人才培养模式，是当今先进的教育理论与教育改革实践相结合的产物。教师要及时更新教育观念，增强创新意识，这样才能在教育过程中影响学生的创新。

2. 教师的知识结构及教学能力对学生创新的影响

学生的创新能力必须以系统的知识结构为前提和基础。特别是在知识激增且不断更新的今天，更应注重传授给学生系统的知识结构，为学生创新能力培养打下坚实的基础。否则，培养学生的创新就犹如"无本之木、无源之水"。系统的知识结构有助于学生接纳新的知识，使新知识纳入已有的知识系统中；也有助于学生运用已有的知识分析问题、解决问题，进而发展智力，利于学生进行创新。教师需具备的良好的知识结构兼有专和博两个方面。教师所教学科有其具体的教学要求，但它的总目标是指向学生的全面发展，因而教师对学生产生的影响必然是全面的，也必然要求教师占有更为广阔的知识领域。同时，教师具有宽广的知识视野，能满足学生强烈的好奇心和强烈的求知欲。

3. 教师的创新表率及善于激发、引导学生创新的能力对学生创新的影响

在教育活动中，教师的一举一动时刻影响着学生，对学生起着潜移默化的作用。因此，教师的创新表现对学生的创新起着一定的表率作用。同时，学生的创新能力是在各种活动中表现出来的，因此，教师要善于抓住各种活动机会，促进学生创新能力的发展，并及时加以引导。

（二）创新型教师促进学生的探究性学习

建构主义认为，学习不是从外界吸收知识的过程，而是学习者主动建构知识的过程。这体现了学生主动参与的教育思想，要求学生以主体地位积极主动地参与整个教学活动过程。

随着知识社会的来临，知识创新融入社会各行业之中，成了社会发展的基础和动力。这就要求学生具有创造性地探究知识和应用知识的能力。创新型教师将改变传统教学中学生习得知识的缺陷，帮助学生对知识进行综合和灵活运用。创新型教师是实施创新教育的主体，研究证明，学生的创新能力与教师关系密切。教师要完成创新教育的所有工作；教师是创新教育理念的传播者、实践者和创造者；教师还是社会关系的中介，因此，创新教育成功的重要保障在于教师，教师应为创新创造良好的氛围。

（三）创新型教师肯定学生的"类创新"

说到创新，大致有三类：一是科学研究，去发现还未被人认知的本质现象和规律；二是发明，去设计可以改进生产和生活的新材料和新方法；还有一种便是解决问题，解决在平时用常规思维很难解决的难题，是一种"类创新"。

各个领域都需要具有创新精神的创新人才，教师应充分肯定并挖掘学生的创新能力，并以此为终身之任。发明创造之类的"真创新"作为人类历史之首创，对于学生来说，很难真正做到。但只要教师能创设良好氛围，精心指导，学生的"类创新"则完全能做到。而且，今日在学校培养"类创新"的学生乃为明日之"真创新"创设条件，做好准备并奠定扎实的基础。假以时日，"真创新"将会发生在学生们的身上。

那么，何为"类创新"呢？它是指在个体发展史上的第一次，在个体从未经历过、毫无经验时，有人能想出办法解决问题，这就是"类创新"。作为教师，我们应努力培养学生的"类创新"，当学生具有"类创新"时，我们应给予呵护，鼓励学生"更上一层楼"。

我在讲授初中课文《中国石拱桥》时，有一位学生提出疑问：什么是

"拱圈"？我鼓励同学们开动脑筋帮助这位同学解决问题。正当同学们冥思苦想之际，我察觉有一位学生显得特别自信与兴奋，凭经验我知道他已经弄懂了，于是我请他回答。只见他高兴地站起来，手上还拿着卷着的一本练习簿，当时我惊诧极了。为了让所有同学都能看清楚他的演示，听清楚他的解释，于是我请他到讲台上回答。这位同学倒也落落大方，很老练地把练习簿卷成弧形，并指着说："假如这是一座桥，是拱形的，那么这些线条就是拱圈，靠它们支撑桥和桥面上的重量和压力。"当时，望着他的演示，听着他的解说，同学们都目瞪口呆了，几乎不敢相信眼前所见所闻。我马上问学生："看完这位同学的现场演示，同学们明白了什么叫'拱圈'了吗？"同学们这才恍然大悟，想不到心中的疑难竟然一下子消除了，纷纷向这位同学投来佩服的目光。我趁势鼓励说："那我们还不为这个同学的精彩回答鼓掌？"这位同学能用实物打比方，来解释较深奥的概念，便是一种"类创新"，因为对学生个体发展来说是首次的。

在教学中，我们经常会遇到类似的创新行为，作为教师应该充分肯定，即使他们还有不完善、不尽如人意之处，但只要是学生通过思考，积极解决问题获得的结论，我们都应该给予一定的鼓励和评价，让他们获得信心，继续学习。教师及时充分肯定学生的"类创新"，不但可以让学生体会到由创新带来的成功与喜悦，还可以打破课堂上只有一种声音的局面。确实，无论练习答案，还是考试答案，很多时候都规定了一个评价标准。但是，我们在教学时，应该向学生传达一种正确的思想观念：答案是死的，人是活的，只要你认真钻研、不断创新，那么你就会找到与答案相似的答案，甚至还可以超越答案，答得更好。

🏵 行动研修

一、创新教育需要对学生创新心理素质进行整体提升

我们需要树立全新的教育理念，把创新教育与知识技能教育、智力发展教育、人格特征教育、心理健康教育、潜能开发训练等有机结合、科学整合，

重视创新心理的整体构建、全面拓展与不断提升。

（一）注重创新心理氛围的营造

创造性的发展和创新能力的发挥需要有良好的精神环境和心理氛围，"心理安全"和"心理自由"是学生创造性形成和发展适宜的"气候"和"土壤"。学校要重视优化富有个性和办学特色的校园精神，完善推陈出新、民主开放的管理体制，形成理解宽容、平等活泼的师生关系，建设优良的校风、作风、教风与学风。

（二）注重创新人格特征的培养

人格和创新关系密切，鲜明、独立、自由的人格特征是创造性萌发与生长的土壤。创新型学生往往具有独特的人格特征，人格的独特在某种程度上也是创造性的一种反映。因为没有个性就没有创新能力，缺乏个性就缺乏创新能力。这就需要学校教育在促进学生社会化和完善学生个性之间保持必要的张力，处理好二者的辩证关系，不能顾此失彼。

（三）注重创新心理潜能的开发

创造性是人类普遍存在的基本潜能。人的创造性的张扬，人的创造性的普遍化是人性的呼唤和时代的要求。德国文化教育学家斯普朗格这样说："教育的最终目的不是传授已有的东西，而是要把人的创新能力激发出来，将生命感、价值感唤醒。"一个最具教育意义和心理意义的问题是，能否找到一些途径，使有创造性但未得到发挥的学生充分开发他们的创新潜能，这是 21 世纪我国教育面临的重大挑战。

（四）注重创新心理素质的拓展

学校应当引导学生参加形式多样的创新实践活动，不断拓展和提升学生全面的新心理素质，把目标定位在培养创新意识好、创新思维多、创新能力强、创新人格优的高素质人才上。在培养学生创新心理素质时要全面地加以训练，在认知、人格、社会层面的整合之中促进创新的形成和发展。当代学生只有敢于创新，能够创新，善于创新，勤于并且乐于创新，才能从容应对知识经济时代全方位的创新挑战。

二、善用教育期待

罗森塔尔是美国社会心理学家，加利福尼亚大学教授。他曾做过一次有名的实验。实验的过程是这样：他和助手来到一所小学，声称要进行一个"未来发展趋势测验"。他从 6 个班的新生花名册中每班挑选了 3 名学生，将这份"最有发展前途者"的 18 人名单交给了校长和相关教师，叮嘱他们务必保密，以免影响实验的正确性。8 个月后，他回访这个学校，发现名单上的 18 位学生果然比其他人有更大的进步，各方面都很优秀。大家都很崇拜罗森塔尔，觉得他慧眼识珠。其实，当初他就撒了一个谎，因为名单上的学生根本就是随机挑选出来的。实验表明，如果一个人有自信心，对自己怀着期望，还得到来自各方的肯定，他就一定能朝着自己期望的方向发展。这种现象在心理学上被称为"自我实现的预言效应"，也称"罗森塔尔效应"（Rosenthal Effect），还有人称之为"皮格马利翁效应"（Pygmalion Effect）。

显然，罗森塔尔的"权威性结论"发生了作用，它对教师们产生了暗示，左右了教师对名单上所列学生的能力的评价；同时，教师们又会将自己的这一心理活动通过一定方式，如情绪、语言和行为等，有意识或无意识地传达给学生，使他们感受到来自教师的信任和期望，于是他们变得更加自信、自尊、自强，各方面便得到了特别大的进步。很显然，教师们对名单上这些学生的期待是真诚的、热切的、发自内心的，在权威者的影响下，教师们坚信这部分学生是最有发展潜力的。因而他们的一言一行都难以隐藏对这些学生的信任与期待，而这种"真诚的期待"是学生们能够感受到的。

罗森塔尔效应产生的原因有三：一是期待者的威信，通常，期待者的威信越高，罗森塔尔效应就越明显；二是期待结果的可能性，正面的期待对于被期待者是有意义的，罗森塔尔效应产生的可能性就很大；三是这一效应会按照"憧憬—期待—行动—感应—接受—外化"的方式来产生。被期待者感受到特殊的关怀和鼓励，可将内在的潜能激发出来，达到期待者所期望的结果。

罗森塔尔效应告诉每一位教师：你的学生可能由于你的激励而进步，不要吝啬你的表扬和鼓励。

"你一定会是纽约州的州长"

"我一看你修长的小拇指就知道，将来你一定会是纽约州的州长。"一句普通的话，改变了一个学生的人生。

此话出自美国纽约大沙头诺必塔小学校长皮尔·保罗之口，话语中的"你"是指当时一名调皮捣蛋的学生罗杰·罗尔斯。

小罗尔斯出生于美国纽约声名狼藉的大沙头贫民窟，这里环境肮脏、充满暴力，是偷渡者和流浪汉的聚集地。因此，他从小就受到了不良影响，读小学时经常逃学、打架、偷窃。

一天，当他又从窗台上跳下，伸着小手走向讲台时，校长皮尔·保罗将他逮个正着。出乎意料的是，校长不但没有批评他，反而诚恳地说了上面的那句话，并对他给予语重心长的引导和鼓励。

当时的罗尔斯大吃一惊，因为在他不长的人生经历中，只有奶奶让他振奋过一次，说他可以成为五吨重的小船的船长。他记下了校长的话并坚信这是真实的。

从那天起，"纽约州州长"就像一面旗帜在他心里高高飘扬。

罗尔斯的衣服不再沾满泥土，罗尔斯的语言不再肮脏难听，罗尔斯的行动不再拖沓和漫无目的。

在此后的 40 多年间，他没有一天不按州长的身份要求自己。

51 岁那年，他终于成了纽约州的州长。

三、用赏识教育赞赏孩子

赏识教育（Appreciation Education）是世界著名的六种教育方法之一。赏识教育，最简单的解释就是"爱的教育"。人性中本质的需求就有渴望得到赏识、尊重、理解和爱，从前面所述的马斯洛需求层次理论中就可以看出这一点。赏识教育不是简单的表扬加鼓励，它包含了信任、尊重、激励、理解正确行为、宽容和提醒，通过对学生（孩子）正确行为和个性特点的肯定，来激发他们的兴趣和热情。

赏识教育要从正面肯定孩子的进步和努力。孩子的优秀品质是否自然天成，创造性是不是与生俱来，不便考证，见仁见智。但有益的鼓励可以激发人的创造性，这是确定无疑的。鼓励和赞赏，有可能是非常有效的催化剂和活力素。对教师是如此，对家长也是一样。

卡耐基很小的时候，他的母亲就去世了。在他9岁的时候，父亲又娶了一个女人。继母刚进家门的那天，父亲指着卡耐基向她介绍说："以后你可千万要提防他，他可是全镇公认的最坏的孩子，说不定哪天你就会被这个倒霉蛋害得头疼不已。"

卡耐基本来就打算不接受这个继母，在他心中，一直觉得继母这个名词会给他带来霉运。但继母的举动却出乎卡耐基的意料，她微笑着走到卡耐基面前，摸着卡耐基的头，然后笑着责怪丈夫："你怎么能这么说呢？你看哪，他怎么会是全镇最坏的男孩呢？他应该是全镇最聪明、最快乐的孩子才对。"

继母的话深深地打动了卡耐基，从来没有人对他说过这种话啊，即使母亲在世时也没有。就凭着继母这一句话，他和继母开始建立友谊。也就是这一句话，成为激励他的一种动力，使他日后创造了成功的28项黄金法则，帮助千千万万的普通人走上成功和致富的光明大道。

第三节　洞悉创新教学标准 打造创新教学模式

案例与分析

案例直击

法国一位教育心理专家曾设计过这样一道题："一艘船上有75头牛、32

只羊，那么船长多少岁？"该专家对中国和法国的中小学生分别进行了测试。在参加测试的我国沿海某城市的小学生和初中生中，有90％的人得出答案，即使在某重点中学的高三年级，也有10％的人得出了75、32、43的答案。

当这些做出答案的学生回答记者的提问时，有这样几种说法："既然是考试，老师出的题目总是对的，不可能无法做。""平时考试，老师总是说只要做就有可能得分，不做的话则绝无可能得分。"还有学生认为，题目中只有两个数字，如果用加法应当是107岁，这么大的年纪当船长不可能，因此只能做减法，得出是43岁。

而同样的问题在法国的小学生中进行测试时，超过90％的学生对题目提出异议，甚至有人嘲笑老师是糊涂蛋。

案例评析

与国外同龄学生相比，我国中小学生在想象力和创新能力方面存在着不小的差距。在学校教育中，应该如何培养学生的想象力，启发儿童的创新能力？开展创新教育需要我们深入思考创新教育的教学模式、教学策略、教学评价等诸多问题。因此，探讨创新教育的标准、创新教育的特征等，显得尤为重要。

理论与应用

理论导航

一、什么是创新教学

如何理解创新教学呢？创新教学是教师通过课程的内容及有计划的教学活动，激发学生的创新动机，鼓励学生的创新表现，促进学生创造性发展的教学。创新教学不是独立于一般教学之外的教学活动，相反，它存在于一般教学活动之中，同一般教学活动相辅相成。创新教学与一般教学最大的不同在于，创新教学鼓励学生应用想象力，增进其创新思维，养成其创新人格。

创新教学以学生为主体，在教学中，教师不独占整个教学活动时间。创新教学是由"教师创造性地教"和"学生创造性地学"两部分构成的。创新教学要求教师运用适当的教学策略，特别注意提供自由、安全、和谐的情境与气氛，注重激发学生兴趣，鼓励学生表达与容忍不同的意见，不急于下判断。创新教学具有以下基本特征。

（一）问题性

创新教学主要是教师引导学生创造性地解决问题的过程，所以它发端于问题，行进于问题，终止于问题。学生对问题产生困惑并产生求解的强烈愿望，是创新教学的前提。正是由于问题激发学生去观察、思考，他们在教学过程中才能表现出能动性、自主性、创造性，积极探索问题的解决方案，并力图克服一切困难，发展其创新人格。这就对教师提出了很高的要求，教师应善于从教材中发现问题，创设积极的问题情境。问题情境的创设成为教师进行创新教学的关键环节。在一般教学活动中，学生通过做作业、做习题或实验等形式解决问题，但他们解决的并非创新活动意义上的问题，更多的是在重现老师所教的知识技能和方法，并没有真正发挥他们的创新能力。创新教学通过创设问题情境引导学生发现问题，让学生对所学知识进行分析、综合、加工、组合，从而达到创造性地解决问题的目的。

（二）探究性

传统的教学活动以传授为主，以"告诉"的方式让学生"占有"人类已有的知识经验，是一种使学生被动接受的学习方式。创新教学是师生共同探索、求知的过程，学生的探究活动需要教师进行探索性的引导。探究意味着独辟蹊径、求实创新，也意味着面对错误、克服困难。教师引导学生对未知领域进行探究时，必定会经历一个由模糊到清晰的过程，其间有探究、尝试、挫折到豁然开朗，对于培养学生以知、情、意为基础的创新人格具有重要意义。

（三）个性化

传统教学实行班级授课制，给予学生共同的知识教育、共同的思想教育、共同的体质训练。共同教育的背后是学生的心理发展存在着明显的个别差异，反映在智力结构上，有观察力、记忆力、想象力、思维力方面的差异；反映在个性特征上，有兴趣、爱好的不同，性格、气质、意志品质的差异，学生的心理差异是创新教学注重个性化的前提。学生的创新能力正处于发展阶段，程度不一，教师的指导存在质量高低，对知识经验、先天素质本来就千差万别的学生实施创新教学，形成的创新能力、创新人格一定各不相同。因此，创新教学在注重学生整体素质提高的基础上要尊重差异、发挥专长，促使学生将来在不同的领域中都能创造性地做出贡献，提高其生命质量。

二、创新教学的要求

总结国内外学者的观点，创新教学的基本要求主要有以下几方面：(1) 在学习过程中，学生是学习的主体，教师不独占整个教学时间，要尽量多地为学生提供独立活动的机会。(2) 教师要经常运用发散性的问题，引导学生尽可能从不同角度进行思考，想出大量的意见或构想。(3) 强调引导学生在创新实践活动中学习，鼓励学生动脑、动手、动口。(4) 在教学过程中，教师和学生要平等对话，相互尊重，力求在轻松、民主、合作、愉快的环境中学习。(5) 了解并适应学生的个别差异与兴趣，采取适当形式实行分类或个别施教，以扬长避短，促进学生更好地发展。(6) 在教学评价上，坚持正面评价为主，多肯定、多表扬、多鼓励，使学生更多地体验到成功。此外，对学生的意见或作品，不立刻评价，当意见都提出后，师生再共同评估。(7) 不排斥学生的失败或错误，引导学生从错误中学习，从失败中获得经验。(8) 鼓励学生尝试新事物的勇气，鼓励学生多参加课堂以外的学术科技创新活动，使其有机会接受更多的新事物，并养成独立研究的习惯。

三、培养学生创造性的教师素养

培养学生创造性的教学是充满艺术性的教学，需要具有优良教育素养的创新型教师。创新型教师能把教学安排得生动活泼、有声有色、趣味横生，不断赋予教材以新意和活力。

哈尔曼（R. Hallman）经过研究，提出了12条教师创新教学的标准：

（1）引导学生主动地学习。创新型教师十分注重启发学生的思维，鼓励他们自己发现问题，提出假设并亲自实践。

（2）放弃权威态度，在班级里倡导学生相互合作、相互支持，使集体创新能力得到充分发挥。

（3）鼓励学生广泛涉猎，开拓视野，加深理解，灵活运用。

（4）对学生进行专门的创新思维训练。如鼓励学生发现问题的异同及其相互关系，鼓励学生提出自己的主张，创造性地编讲故事等。

（5）延迟判断。创新型教师往往不立即对学生的创新成果加以判断，而是给他们足够的时间去想象、创新。

（6）发展学生思维的灵活性。帮助学生学会从不同角度观察、分析和理解问题，而不墨守成规。

（7）鼓励学生独立评价。即利用自己的标准评价客观事物和思想观点。

（8）训练学生感觉的敏锐性。使学生对他人的感觉、情绪、情感以及对社会和个人的各种问题具有敏锐的洞察力。

（9）重视提问。创新型教师往往对学生提问表现出浓厚的兴趣，并认真加以回答。同时，他们自己也提出一些不拘泥于课本的问题，以刺激学生的思维。

（10）尽可能创造各种条件，让学生接触各种不同的概念、观点以及材料、工具等。

（11）注重对学生挫折承受力的培养。

（12）注重整体结构。创新型教师往往注重引导学生理解各知识之间的联系，而不只是让学生机械地、零碎地、无联系地死记课本内容。

日本学者恩田彰提出有利于学生创新能力发展的教师具有下列特征：（1）自己本身有创新能力；（2）有强烈的求知欲；（3）努力形成有高创造性的班集体；（4）创设宽容、理解、温暖的班级氛围；（5）具有与学生们在一起共同学习的态度；（6）创设良好的学习环境；（7）注重对创新活动过程的评价，以激发学生的创新欲望。

🌸 行动研修

创新教学从培养学生创新精神和实践能力出发，在改革传统的课堂教学上做了积极的探索。那么，创新教学如何实施呢？创新教学实施要做到：评价多元，让学生有安全感；激发情感，让学生有体悟感；师生互动，让学生有主人感；开放多变，让学生有灵活感；问题聚变，让学生有高潮感；动手实践，让学生有创新感。

一、评价多元，让学生有安全感

创新教育价值观是多元评价的价值基础。有什么样的教育价值观，就有什么样的教育评价观。创新教育价值观下的教育评价应以开发和挖掘师生潜能、促进师生创新素质发展为根本，以目标多元、标准多维、方式多样为标志。

创新教学评价是基于生命、尊重生命、促进生命和发展生命的评价，它重视学生的个性的彰显和发展，重视学生潜能的开发和发挥。教师对于学生的关注，不能只看其在智力上聪明与否，更要关注其他非智力因素的发展。创新教育是针对传统评价的弊端而提出的，它要求学生评价要改变以往评价的功能单一、标准单一及方法单一的特点，主张多元评价、综合评价、特长评价。因而，课堂教学评价不应是"死水一潭"或千篇一律的。

创新教学评价重在评价学生的创新素质，如创新的心理品质、道德品质、思维品质，以及思维力、想象力、观察力等。创新教学评价要求评价目标不搞"一刀切"，评价标准不搞绝对划一，评价内容、形式开放多样，且在评价时不仅要突出重点，也要重视综合评价。这是对学生生命个体的尊重，能体现学生的个体价值，让学生有安全感。

二、激发情感，让学生有体悟感

学习是由于练习或反复经验而引起心理行为的变化，是建立在人的整体心理结构基础上的认知活动和情意活动的行为。传统教学关注学生的知识与分数，而忽视了对学生情感的培养。新课程改革强调"以人为本"的教学理念，重视对学生的情感、态度和价值观的培养。创新教学就是要突破以往单纯的知识性课堂，关注教学过程中的情意因素，为学生创设情意性课堂。创新课堂强调将情感、态度和价值观渗入教学内容和教学过程中，情意因素是创新教学的灵魂。

首先，激发情感要让学生感受生活经验。生活经验是学生学习的重要资源，新课程的理念之一就是让教育回归生活。把生活作为课程资源，要将生活实际引入教育课题，注重从学生的经验出发，把教学课堂融入生活。

教学要从学生已有的生活经验出发，培养学生发现生活、感受生活的意识。人是以其经历而形成的自我经验来感受生活、感受他人、感受世界的，也是基于他的生命感受、自我经验来理解生活、理解他人、理解世界的。传统教学忽视或无视学生的生命经历，而创新教学则重视学生的亲力亲为，要求学生积极参与到各项活动中去，在"做""观察""实验""模仿""创作""想象""反思""体验"等一系列活动中发现和解决问题，体验和感受生活，发展实践能力和创新能力。

其次，激发情感要激发学生的创新意识和创新热情。创新意识是一种向往创新、乐于创新的潜在驱动力，是一种追求创新、崇尚创新、热爱创新的意识，主要表现为创新兴趣和创新激情。"善问""善思"和"求异"是创新精神的外在行为表现。学生只有具有创新意识和创新热情，才会发生创新行为。因此，教师在教学过程中要善于激发学生的创新意识和创新热情。

三、师生互动，让学生有主人感

所谓教学，乃是教师教、学生学的统一活动。在这个活动中，学生掌握一定的知识和技能，同时，身心获得一定的发展，形成一定的思想品德。可见，教学过程是师生交往、积极互动、共同发展的过程。教师与学生这两个主体都是具有独立人格价值的人，而信息的交流主要通过师生间的互动来完成。创新教学的过程应该是心与心的交流，智慧与智慧的启迪，快乐与快乐的传递，应该让教师充满智慧，让学生充满激情，让课堂成为充满生命活力与魅力的巨大磁场。教师应做到积极主动与学生交流，协调好各种教育力量，为学生服务，给予学生人文关怀，尊重学生个性差异，公平公正地对待每个学生，让学生真正感觉到自己是学习的主人。

创新教学强调师生互动，尊重学生主体。首先，学生是学习的主人，课堂教学要变"一言堂"为"群言堂"，倡导学生各抒己见。其次，教师是学生学习的引路人，课堂教学要求教师彻底抛弃"满堂灌"和"满堂问"，主张激励学生多问多练、勤思善学。最后，创新教学强调"学为主体，教为主导，疑为主轴，动为主线"，倡导"定向导趣—设问导疑—点拨导思—扩展导创"教师的教与"自学生疑—探究质疑—合作释疑—实践创新"学生的学。

四、开放多变，让学生有灵活感

没有开放，就没有活跃、自由的思想。开放有助于尊重差异，使人变得更为宽容；开放使人消除偏见，学会鉴别；开放使教育在景仰、吸纳人类共同的文化、科技与物质财富的基础上，面貌更为仁慈，更符合人类共同的理念。校园空间的开放，课程与教材的开放，教学过程的开放，评价方式的开放，教育目标的开放，目的都在于促进人的眼界、学识，促进精神世界开放。

教学是一个矛盾体，既要具有封闭性的预设，又要具有开放性的生成。预设是教学的基本要求，教学是有目标、有计划的活动，教学的运行也需要一定的程序，并因此表现出相对的封闭性。传统教学过分强调预设和封闭，从而使课堂教学变得机械、沉闷和程式化，缺乏生气和乐趣，缺乏对智慧的挑战和对好奇心的刺激，使师生的生命力在课堂中得不到充分展现。创新学习的课堂，首先要求教师把学生的个人知识、直接经验、生活世界看成重要的课程资源，回归儿童的生活。也就是要求教师在教学中鼓励学生对教科书进行大胆的自我理解、自我解读，对课本大胆质疑，勇于创新，充分尊重学生的个人感受和独特见解，使教学的内容开放。另外，在教学的过程中，教师要充分认识到学生是一个个具有主观能动性的人，他们带着自己的知识、经验、思考、灵感、兴致参与课堂活动，使课堂教学呈现出丰富性、多变性和复杂性。

创新教育正是基于这种认识，主张从生命本体和动态生成的角度来重新审视课堂教学的价值。课堂教学不仅是智慧的创生之源，也应是情感的生发场，因而应具有丰富性、生命性、动态性和开放性。

五、问题聚变，让学生有高潮感

创新教学重在培养学生的问题意识。因为疑问能产生认知冲突，促使学生积极思考，在这个过程中才可能实现创新。教师在教学中引导学生提出问题，并且让学生思考讨论，就成了创新学习课堂中一个重要的环节。

"学而不思则罔"，教师应运用多种方法启迪思维，激励学生积极思考，教给学生分析问题和思考的方法，指导他们去发现问题、解决问题，培养学生的思维能力。在引导学生思考的过程中，教师要注意运用多种模式，引发学生思维的碰撞，使课堂充满活力。具体方法如苏格拉底式研讨法，即注重运用问题的方式，在师生之间、生生之间展开对问题的研讨，对问题研讨的答案是开放性的、探索性的，主张答案的多样性。常见的方法还有开放导思、递进导思、想象导思等，这些方法都有助于培养学生的创新思维。

美国心理学家的研究也表明，创新思维和自我概念存在高相关。在自我认可、独立性、自主性上具有高水平的被试者，同样也是高创新能力者。因此，创新教学要坚持以"学生发展为本"，重视学生个性的发展，培养学生的创新精神。

六、动手实践，让学生有创新感

学生是实践活动、认知活动的主体，也是创新教学中的主体。心理学认为，人有自我意识，人通过自我意识系统的监控，实现人脑对信息的输入、加工、存储、输出的自动控制系统的控制。这样，人就能按照自己的意识相应地监控自己的思维和行为。而人在实践活动和认知活动中，自我意识的监控表现出来的分析批判性，正体现着一个人的智力水平、创新能力。

传统的课堂教学主要关心的是学生在课堂上接收了多少知识或考点，掌握了什么解题技巧或应试技巧。随着时代和社会的发展，人们在教育上的目光已转移到教育的生命意义和人性生命价值的回归，因而以知识为中心的教学观就显得很荒谬。事实上，课堂教学的价值远远不止于此。课堂对于学生而言，不仅具有智育的意义，更具有生活的意义、生命的意义，因为学生在课堂上确确实实不是单纯地学知识和解题技巧，而是像在生活中、在社会中那样体验、亲历困难与顺利、痛苦与幸福、屈辱与自尊、自卑与自信、同情与希望、沉默与彰显、服从与抗争、失败与成功、竞争与合作、收敛与奔放等情感和智慧的生成、交流、合作过程。多给学生动手实践的机会，也是新课程改革赋予广大教师的职责。

第四节　优化创新环境　营造创新教学氛围

案例与分析

案例直击

在中小学创新教育中，学校、教师应该为学生创造一个宽容、宽松的教育教学环境。作文课上，李老师说："作文材料像大海中的浪花，多得数不清。同学们要从生活中捕捉各种作文素材……"李老师正在课堂上说着，忽然一位同学说："不对，作文材料不像浪花，像各种各样的小鱼。在作文材料的海洋里，要捕捉更多有价值的小鱼。"听到这么一句话，李老师开始很气恼，想要斥责他上课唱反调，但李老师冷静下来，耐心地问："你为什么这么说呢?"学生说:"大海里的小鱼虽然很多,但是很难抓到。作文的好素材也不容易找到。"李老师说:"多么形象、生动的比喻!还有没有其他同学有想法?"在老师的引导下,每个学生都提出了自己的想法,有的说作文材料"像夏天的蒲公英",有的说"像春天的小蝴蝶",有的说"像池塘的小蝌蚪"……比老师原来的比喻要好很多。李老师在课堂中因势利导,为学生创新思维的发展提供了宽松的氛围。

案例评析

学校是教育和培养人的专门场所,学校环境对个人的创造性发挥和发展有着重要的影响。从整体上来看,学校的校风、学校文化等会对学生的创造性产生影响。一些偏重应试教育的学校对学生的创造性产生一种压抑、阻碍的负性影响;而重视素质教育的学校则倡导创新,提倡研究性学习,这将有助于学生创造性的培养。从微观层面上来看,教育教学活动的氛围,以及师生互动、交流甚至是争辩等社会互动更能起到激发创造性的作用。

理论与应用

理论导航

学校环境的创造性,主要包括学校的办学理念、指导思想、教学管理、环境布置、教学评估体系及班级气氛等多种因素。学校应坚持以人为本的思想,努力为教师营造宽松的创新环境,因为只有在宽松、和谐的氛围下,教师的创新精神、创新能力才能不断提高和发展,才能影响和发展学生的创新能力。教师在自由、民主的氛围下进行教学改革,才能营造自由的学术气氛,才能"百花齐放,不拘一格",才能"八仙过海,各显神通"。

一、创新的教育教学环境

苏霍姆林斯基曾指出:"孩子在他周围、在学校走廊的墙壁上、在教室里、在活动室里经常看到的一切，对他精神面貌的形成有重大意义。这里的任何东西，都不应是随便安排的，孩子周围的环境对他应有所诱导、有所启示。"他指出学校应该用好每一面墙、每一所教室、每一个校园标志，来促进学生进行创新思考。学校布置主要包括教室的布置和专供学生课外活动所使用的特定教室的布置。在布置这两种教室时，要体现创造性。一是教室的布置。由于空间的限制，一般教室很难为学生提供足够的创新空间和材料。即使这样，也应尽量提供条件，如利用墙壁、黑板等，给学生以表现创新才华的机会。无论学生的作品是否有创造性，教师都应持鼓励的态度，而不是批评、挑剔。二是专门的创新活动教室的布置。这种专门的活动教室是学生进行创新活动的主要场所。设置这样的区域要注意给每个学生提供足够的空间，使他们自由地、不受任何干扰地进行创新活动，还要为学生提供必要的物质材料，如剪刀、胶水、彩笔、木条等。在这种专门活动教室里，教师往往不参与学生的活动，只提供支持和材料，并保障安全即可。

不可否认，传统的中小学教育中存在着一定的误区。老实、听话、顺从、乖巧往往成为判断好孩子的标准，这样的孩子大多能被评为"三好学生"，而行为"出格"、爱搞小"破坏"的行为则被视为另类。也许很多教师和父母都没有意识到，其实小孩爱搞"破坏"是天性使然，是其创新萌芽的一种体现。他们对各类陌生事物充满新鲜与好奇，并身体力行，欲用自己的双手探求未知世界。合理利用小孩的这种天性，多方引导、鼓励，使孩子的创新萌芽得到进一步深化，有利于其大脑开发及日后处理能力的提高。更重要的是，从小培养孩子产生浓厚的求知欲望，会为其今后的从业道路奠定基础，说不定我国的"爱迪生"就会由此诞生。反之，在有些家庭里，孩子老实、文静、听话，家庭没有"破坏"气氛，但小孩的天性被抹杀了，这样的家庭培养出的孩子多半循规蹈矩，缺少想法，依赖性强，爱动、好奇、勇敢甚至冒险的天性被泯灭，这非常不利于孩子个性和人格的发展，也不利于特长的培养。

二、创新的学校制度环境

（一）富有创造性的管理者

为了培养学生的创造性，教师必须具有创造性。由此，学校管理人员，特别是有关领导者必须提供能使教师发挥其创造性、向创新方向发展的有利条件。从这个意义上说，教学管理人员自身也应当富有创造性，否则，学校中的创新教育也是无法开展的。

在创新教育中，教学管理人员至少应当做到如下几点：

（1）必须有高度的事业心和责任感，十分热爱自己的本职工作，对工作充满热情和希望。

（2）有创新意识和奉献精神，具有较高的创新素质，对新生事物十分敏感，并积极支持新生事物的出现和发展。

（3）具有较强的创新能力，并能积极地用于自己的教学管理实践之中。

（4）对教师充满热情，支持教师在创新教育中采取的各项探索性措施，尽量减少教师的事务性工作，从而使他们能够潜心于教学研究。

（5）对教师在创新教育中所做出的预想不到的事情要有宽容的态度。

（二）富有创造性的制度机制

1. 善用激励，促进创新活动产生

（1）信息激励。我们现在已步入信息社会，在人们周围充满着各种各样的信息。有意识地注意有关信息、发现有关信息、分析有关信息、利用有关信息，从而引导自己的创新活动，这是开发创新潜力的重要途径。海尔集团总裁张瑞敏在四川出差时听人说本厂洗衣机在当地农村销售受阻，原因是农民常用洗衣机洗地瓜，这样排水口一堵就没法再用了。由此，张瑞敏抓住这一在别人看来似乎是不好的信息，要求该厂技术人员开发一种能洗地瓜的"洗衣机"。后来，这种"洗衣机"一问世，果然占领了很大市场。我们周围

的信息是十分丰富的，一个创新者要善于识别、寻找那些对自己创新活动有利的信息，多看，多听，多写，多想，多记，多接受教育和考查，多参加各类学术活动等，这样才有利于自己创新潜力的开发。

（2）心理激励——研讨和争论在开发人们创新潜力中的作用。

首先，研讨、争论能振奋人的精神，可以激发人们探索未知领域的积极性，增强人们的创新意识。其次，研讨、争论可以开阔视野、丰富知识，使思维更加活跃和广阔，从而有利于发散性思维的形成直至产生灵感。例如在1903～1905年的3年中，爱因斯坦经常同莫里斯·索洛文和贝索等年轻朋友在瑞士伯尔尼的一家咖啡馆聚会并研讨学术问题，爱因斯坦关于狭义相对论的第一篇论文就是在这种讨论中孕育的。在他的划时代著作里，爱因斯坦没有引用任何文献，却提到了贝索对他的启发。最后，研讨和争论可以发现问题，深化认识。化学史上对燃素说的长期争论，地质学中水成论与火成论的激烈争论等，都对科学技术的发展起过极大的推动作用。因此，要善于运用心理激励原理，达到互相激励、深化认识、产生新意的教学效果。

2. 健全奖励机制，推动创新成果转化

机制激励是指建立一些有利于人们开发创新潜力的纪律、制度、条文、法规，以鼓励人们创新潜力的开发。它在一定意义上属于创新环境的范畴。例如我国国家创新体系的建立，就对开发国民的创新潜力具有不可估量的作用，促成了一大批创新成果的问世及其向市场的转化。学校应注重形成创新奖励机制，加大投入，对经常开展教学研究、学术交流活动并取得一定成效的教师给予奖励，并在晋级、聘用中优先考虑；因地制宜地制订相关保障政策，多方位、多层次地综合采用目标激励、奖惩激励、民主激励和关怀激励等多种激励手段，从物质和精神等方面鼓励教师开拓进取、探索创新。

3. 实施调节原理，合理开发创新潜能

对于创新者来说，在某一个时期的创新活动应该有一个相对稳定的奋斗目标。但是，有时也不能死盯在一个目标上，创新者常常需要根据自己的实力状况和环境条件的变化，特别是在抓住创新过程中遇到的各种机遇以后，需要经过反复比较而对原有的目标进行适当的动态调节。当然，这种动态调节并不是见异思迁、随心所欲地改变原有的目标，而是通过调节，及时地、更好地发挥创新者自己的创新优势，从而达到最佳的创新效果。这种调节的本身也是创新潜力开发的过程。

三、富有创造性的课堂文化

创新教学需要的课堂文化应当是以民主、对话、开放、质疑为特征的。

（一）民主

民主，即变传统教育中"唯师是从"的专制型师生关系为教学双重主体之间相互尊重、相互信任、相互理解的新型的平等、民主、合作关系，教师要有效地运用有声语言和肢体语言营造积极、民主的课堂氛围。陶行知先生在《创造的儿童教育》一文中指出："创造力量最能发挥的条件是民主。如果要大量开发创造力，大量开发人矿中之创造力，只有民主才能办到，只有民主的方法才能完成这样的事。"因为创设一个民主和谐的课堂气氛是发展学生思维的保证。

（二）对话

对话，即教师与学生在课堂中多向信息交流与互动，就是在课堂中开展教师、学生、文本三者之间互动的教学活动。在新课程理念下的课堂中，教师要自觉地为师生、生生、生本之间的互动创造条件，从而构建体现新课程理念的"对话文化"。挖掘师生对话的新意，就是要创造生成性的教学。善于开发生成对话的新景，营造生生对话的新风，不仅要让学生放声地讲，还要让学生静心地听，让不同的观点和意见彼此碰撞、激荡、交融，从而让真理脱颖而出。

（三）开放

开放，即抛弃专制主义思想观念对学生创造性、思维多向发散的压抑，畅通学生思维的渠道，提升学生回旋喷涌的思辨力，鼓励学生从不同角度向教师提问、假设和陈述，激励学生以独立的角色、建设性的态度对教师做出科学的质疑、批评乃至争辩，形成师生相互交流、共享教学民主的现代课堂。

（四）质疑

质疑，即变"听话、盲从"为"主动质疑"，实施"思维型教学"。在课堂教学中倡导以问题为纽带的探究式教学和启发式教学，努力创造"问题—试探性假说—批判与检验"的探究途径。教师应敢于接受学生对自己提出质疑，乐于支持学生向课本提出质疑，善于引导学生向科学提出质疑，贯穿"求真和创新"的科学精神，鼓励学生依靠自己的头脑去思考。师生之间交流情感、碰撞思维、启发智慧，激发学生积极思维，在求异、求奇、求新中寻找灵感，点燃创新的火花。教育归根结底是关注每一个人的发展，每一个学生都有权利得到个人发展的机会。教师从事的是创新工作，教师富有创新精神，才能培养出创新人才。广大教师要踊跃投身教育创新实践，积极探索教育教学规律，更新教育观念，改革教学内容、方法、手段，注重培育学生的主动精神，鼓励学生的创新思维，引导学生在发掘兴趣和潜能的基础上全面发展，努力培养适应社会主义现代化建设需要、具有创新精神和实践能力的一代新人。

✿ 行动研修

学校积极为学生打造具有创造性的教室环境。

参考案例：

（1）教室后面的"板报园地"设有"文明之星"和"习作园地"两个专栏，上面贴着学习明星的照片和优秀作文。这里是增长课外知识和展示自我才艺的舞台。

（2）教室的"荣誉台"非常引人注目，是班级奖状集聚地。

（3）教室的"文化角"内容丰富，有"成语天地"，是叫我们填成语的；有"小小旅行家"，是我们同学在祖国各地拍的照片。

（4）教室的墙面文化，有名人名言：一分耕耘，一分收获……

（5）教室的"陈列柜"上有书、玩具……

第五节　实施创新课堂教学 开展创新课外活动

案例与分析

案例直击

师：大禹的牺牲和奉献，终于换来了黎民百姓的幸福。洪水终于慢慢退去，同学们请看。（投影屏幕出现洪水退后的美丽景色）大地又恢复了欣欣向荣的景象。睁大你们的眼睛，告诉我你们看到了什么，又有怎么样的心情？

生：我看见了好多漂亮的花，还有草，花花绿绿的，充满生机。

生：我听见小鸟的叫声了。

生：我看见地里的庄稼成熟了。

生：农民开始播种了。

师：是啊，（课件演示）这样的景象就叫作？

生：欣欣向荣！

师：同学们，这欣欣向荣的景象和谁的功劳分不开呢？

生：大禹！

师：对啊，和大禹的功劳是分不开的！

（投影：因为大禹＿＿＿＿＿＿＿＿＿＿＿，所以受到人们的敬仰和爱戴。）

师：请同学们看，谁会把这句话说完整？

生：因为大禹顾大家而弃小家，全心全意为大家治水，所以受到人们的敬仰和爱戴。

生：因为大禹心里只想着帮助别人，而不顾自己的辛苦，所以受到人们的敬仰和爱戴。

生：因为大禹治水十年，三过家门而不入，所以受到人们的敬仰和爱戴。

生：因为大禹亲力亲为，吃苦在先，所以受到人们的敬仰和爱戴。

案例评析

这是一个创新教学片段。这位教师将文章的人文性提炼于语言文字之中，将二者巧妙地结合，既训练了学生的语言技能，又让学生的思想情感受到了熏陶。平常很多教师喜欢用课件来增加课堂气氛，但是教学效果出来反而是喧宾夺主。在这个场景中，这位执教者利用课件展示的场景让学生感悟"欣欣向荣"的含义；同时训练关联词说法，在词句的训练中自然地凸显文章的问题。由此可见，她的教学方法运用得恰到好处，开拓了学生的思维，给了他们更多发展的空间。

理论与应用

理论导航

一、创新教育的实施途径

（一）课堂教学

课堂教学仍然是学校教学的基本形式，所以说创新教育的主要途径还是通过课堂教学。应继续遵循传统教育中一些教学原则，如知识积累与智能发展相结合原则、发挥学生创造性和独立性原则、少而精原则等。在课堂教学中，应当特别强调增加以下两个原则：探索性原则和延迟批判原则。探索性原则，是指在课堂教学中要不断鼓励学生多思考问题、多提问题，使学生在课堂学习中能够进入情境并活跃课堂气氛，从而使学生经常处于欲提问题的激发状态，不断提高创造性。而延迟批判原则，则是指对于学生回答问题的对错均不马上进行判定，而是延迟一段时间后再在鼓励学生创造性的前提下适当地指出其中可能存在的不足之处。这样做可以使学生在良好的心理状态下接受创新教育。

（二）课外活动

利用课外活动开展创新教育，可以把课堂上学到的东西应用于实践，从而发展学生的兴趣和爱好，锻炼学生的独立思考能力和实践能力。实践表明，各种各样的"学生发明创造协会""学生发明学校""学生创新能力训练中心"等组织是课外实施创新教育的重要场所，是学生发明创造活动的主要组织形式，可从各方面调动学生的积极性，激发其创新能力并取得很多创新成果。

（三）社会实践

实施创新教育不仅是学校的事，也是全社会的事。因此，创新教育希望社会能够提供一个良好的创新环境，同时，创新教育还主张学生能够经常地走出校门、积极参与社会实践。事实证明，有些学生在接受创新教育以后，会产生跃跃欲试、大干一番的劲头，有的还主动利用节假日到工厂、企业或研究机构宣传和推广自己的创新成果，从而有效地培养了他们的社交能力和创新精神。

以上做法，是在普通学校实施创新教育的主要途径。此外，就全社会而言，企业以及一些发明学校所举办的各类培训班和讲座都是实施创新教育的很好途径。

二、创新教育的实施内容

从当前我国学校现状来看，创新教育的实施内容大体上应以创新人格教育、创新思维教育、发明教育、发现教育和科研教育为主。

(一) 创新人格教育

创新人格是人才创造性的主要内容。创新人格教育可以通过创新课程的教学来完成。人的创新人格素质的提高对于人的创新能力的提高具有重大意义与作用。因此，创新人格教育是创新教育的重要内容。

(二) 创新思维教育

创新思维教育，主要是对学生进行各种思维技能和技巧的训练或练习。在当前学校教育的状况下，尤其要注重创新思维的训练或练习，这样做必将直接关系到学生创新能力的提高。当然，学校教育也不能因此而忽视对学生逻辑思维能力的培养。

(三) 发明教育

发明教育，即对学生教授发明创造的各种规律，训练发明创造的技能和技巧，把发明创造的武器直接交给学生。发明教育的内容还应当包括：创造条件引导学生开展科技小发明、小制作、小论文活动，从而使学生在专业实践中提高创新能力。另外，发明教育的成果也可反过来鼓励学生的创新积极性，并可引起学校和全社会对于创新教育的重视，从而进一步有力地推动创新教育的开展。

(四) 发现教育

发现是指找到或领悟了自然现象或自然规律。在发现教育中，教师要引导学生有目的地进行探索，鼓励学生随时捕获"偶然发现"，使学生具备"有准备的头脑"。发现教育的目的，就是培养学生积极探索、求知的精神，使学生树立发现和创新的志向，增强创新意识，从而鼓励学生发现和再次发现。

(五) 科研教育

学生的创新能力往往一方面表现在发明创造上，另一方面表现在科学研究上。创新教育实施的重要内容之一，就是对学生进行如何开展科学研究，特别是如何结合有关专业开展科学研究的教育和训练。

二、富有创造性的教材

教材在教育活动中的作用是十分重要的。好的教材会提升学生的想象能力和创造性。日本创新教育学家扇田博元认为创造性教材的建设应遵循以下 6 项原则：

（1）教材应包括使人了解创新活动过程方面的内容。要学习怎样进行创新，了解创新人才的创新过程可收到良好效果。

（2）教材应该包括传授有关研究的概念和技能的内容。对各门学科如何去进行研究，比如对于历史研究中收集特殊史料的技术和判断的方法，要有展示问题解决过程的相应的内容。

（3）教材应该把知识作为不完整的东西加以介绍。传统的教材，几乎都把某一领域的知识作为完整的体系进行介绍，却很少指出其不完整性。而创新教育中所使用的教材，则应该把知识放在不完整的前提下加以介绍并提出疑问性的内容。

（4）教材应该包括既鼓励学生细心又提倡学生独创的内容。教材应能唤起学生的好奇心，使其全力以赴地对待学习，从而培养学生独立思考的能力。

（5）教材应该包括具有灵活性的内容。在编写教材和解决问题之际，最好是能将各门学科的知识结合起来。研究证明，即使对于学习适应性较差的学生，这种方式也会使学生产生兴趣。

（6）教材应该包括能够迁移的内容。就是说，教材应具有若干可以迁移的知识，这样可使学生从一件事物转向另一件事物，从而起到举一反三的作用。借鉴学者的观点并结合创新教育的实践，富有创造性的教材除应对基本概念和基本推导叙述清楚以外，还应该给学生留有思考的余地，以培养学生的独立思考能力和创新精神。

三、教师应善于营造生命化的课堂，鼓励学生的创新行为

从本质上说，创造性来自生命的不满足性，生命的历程是一个不断自我繁衍、自我创新的过程。这种不满足性就意味着生命价值具有不断创新的可能性。人与动物的根本区别在于，动物止于本能的满足，而人能在超本能的环境中适应并发展。而生命的足迹就是一段活动中的经历，并不是最终的结果，生命的价值和意义是不断生成的，即使人在暮年也"老骥伏枥，志在千里"。生命化的课堂教学也蕴含了对教学生命意义的不断超越与创新。在教学活动中，教师也正是抓住了生命的不满足性，不用僵硬的教学目标来限制学生，而是利用课堂中充满的不确定因素，因势利导，让学生在感受知识和技能的学习过程中体会生命力量的创造性与超越性。

创新是生命的灵魂与核心。教师在课堂中尊重学生的人格，将有助于在民主、平等的环境中，培养学生质疑、探索等创新精神。生命化课堂不是僵化的，它的主旨是要唤醒学生的自我意识，培养学生的创新精神，让学生享受生命的这种创造性。而美是生命课堂中自由的创新活动的结晶。创新可见于课堂的全过程：从课的设计、课的组织到课的实施和评价，从内容、策略到观念等一系列的创新活动，无不体现着"求异"和"独创"的因子。师生以其创新的个性、独特的见解，在生命化课堂中展现课堂美的千姿百态，从而取得理想的教学效果。

（一）生命化课堂的创新价值

生命课堂的创新价值不仅从理论上说是合理的，而且在实践中，它的实现也将促进学生的发展，促进教育改革的顺利进行。

1. 有助于学生自主性的实现

学生的自主性主要是指学生在学习中充分、积极、主动地运用自身的智慧，调动自己的经验、意念和创新能力，通过发现、比对、重组等多种组合

活动，最终生成具有自身个性品质特征的知识。现代心理学的研究表明，学习的自主性开发程度和效果与情绪的享受程度、紧张程度有着不同的关系，享受程度越好，自主性开发程度和效果越好；相反，紧张程度越大，学生自主性越低。以往的课堂将教学的重点放在习得上，而生命化课堂却聚焦于个体的享受与个性的自由发展。生命化课堂总是力图呈现一些美的事物，以形象性和新奇性的特点，吸引学生的眼球。思维形象直观、喜好接触新奇事物正是学生的天性。从心理学的观点看，兴趣是一种情绪激发状态，它使脑细胞的活动加快、神经紧张，因而使感知力、理解力、记忆力都处在最佳状态。由于在呈现创新的教学活动中，学生对学习产生了兴趣，潜意识里对教学持接纳的态度，在行动中也就会主动地、愉快地参与教学活动，并根据自己原有的知识结构，积极地思考、内化新的东西，进一步将它们融入自己的头脑中。

　　深入探究充满美的生命化课堂对于学生主体性实现的价值。我们发现，首先，生命化课堂拓展了学生的生活空间。教学的内容源于生活，又高于生活。创新型教师要让学生接受与领悟人类历史的瑰宝，就需要精心挑选、设计教学内容。如何将教学有机地融入学生的生活，让每一节课成为学生生命的有机组成部分，赢得学生的积极投入与参与是极为重要的。因此，要让学生的生命发出耀眼的光芒，必须充分发挥学生的自主性。其次，生命化课堂能够吸引和感染学生，丰富发展他们的感官，激发他们的兴趣和求知欲，让他们在轻松愉悦的氛围中主动地接受、探究并掌握知识。在乏味的课堂里，学生不可能保持良好的学习状态。学生的学习激情如同一个火种，缺少了它，课堂的气氛就无法调动起来。

　　2. 有助于学生创新能力的养成

　　哲学家柏格森向人们揭示了"对于有意识的生命来说，要存在就是要变化，要变化就是要成熟，而要成熟，就是要不断地进行自我创新"。创新是生命的本质，生命过程的本质就是在不断地创新。哈佛大学的艾斯纳博士通过研究确认，有 8 种主要的创新能力都可以在艺术教育中得到发展，包括对事物关系的感知能力，对细微差异的注意力，运用多元方式解决问题的意识，在过程中转换目标而不固守概念的能力，在无章可循的情况下决策的能力，在一种受约束环境中的操作能力，想象力与创新能力，以及用审美的视野洞察世界的能力。可见，审美意识的培养在提高创新能力方面占有一席之地。生命的原动力就在于源源不断的创新能力。创新精神是创新能力的重要因子。就学生而言，创新精神主要表现为充满好奇心与求知欲；善于独立思考，标新立异；敢于质疑，敢于挑战。生命化课堂尊重人的生命，有助于学生在民主、平等、和谐的环境中消除身心负担，培养其质疑、求实、批判、探索的创新精神。此外，生命化课堂的美有助于大脑潜能的开发以及学生探究能力的培养。因为人天生热衷于探究外部世界的本性，并在追问、探寻、创新的过程中展现自己的生命力量，获得生命的意义。

3. 有助于学生健全人格的培养

在人的发展过程中，人格培养至关重要。学生作为一个完整的生命存在，体现其生命价值的往往在于非理性的一面，包括情感、体验、意志这些非理性因素。教育的责任在于帮助孩子奠定追求美好理想的基石，追求生命的真谛，也培养他们学会观察、体验到人间百态以及诚实、善良、虔敬、悲悯等美好的人类禀赋。在传统的知识课堂中，学生作为一个生命个体的存在往往被忽视了。从表面上看，学生是一个完整的人坐在课堂上，而实际上学生并没有作为一个整体参与教学活动。这种课堂调动的仅仅是学生理性方面的认识，而需要、动机、兴趣、情感、人格等非理性因素在课堂并没有得到应有的关注。杨振宁博士回顾求学经历，认为自己诸多修养的提高均来源于创新学习。教师切忌用题海战术填满学生的生命空间，否则就扼杀了学生的生命力。让学生在自由心境下去选择、发展和提高，必将是一种科学的决策。

（二）生命化课堂的特征

1. 体现课堂教学的创造美

美除了具有形象性、愉悦性特点之外，还有一个重要的方面就是它的创造性。人类历史遍布着人类不断追求创新的足迹。创新使人们既获得物质享受的满足，又获得精神愉悦的满足。"美的永恒价值不在于理性的、社会的'积淀'，而在于美作为一个开放而具有无限可能性的、永远指向生命本身的、活的有机体，能够不断地唤醒在理性法则、社会规范之中沉睡的感性个体生命，为人的自由开辟通向未来的道路。"马克思把美的创造过程视为"人的本质力量对象化"。换句话说，就是人的本质力量通过自由创造，使得自己的智慧与才能在对象上刻上烙印。较之一般的审美活动，创新给人带来的美感的冲击力是异常强大与深刻的，会使人产生终生难忘的印象。因此，在我们的课堂教学中，如何恰到好处地激发创造美，是一个值得深思的课题。

于是，进一步衍生出了生命化课堂的创造美。在课堂中，教师与学生同为创新者。一方面，教师作为传道授业者，要把书本中生硬的"符号知识"通过消化理解内化为可感的"生命知识"，对于知识的理解本身就是一个创新过程。唯有如此，教师在面对一个个鲜活的生命时，才能激情投入地把"生命化"的知识传给学生。另一方面，学生在学习的过程中，主动积极地运用自己的原有知识，通过对比与选择，对教师授予的知识进行理解、建构和创新。在整个教学过程中，教师是指导者与协助者，学生是自我控制、自我内化、自主活动的主角，从而进行着创造性的学习。所以，教学活动是教师与学生从自身进行创新，共同完成价值创新的过程，在课堂上提升学习者个体的自我意识比获得客观知识更为重要。

2. 激发课堂教学的活力

马克思说："激情、热情是人强烈追求自己的对象的本质力量。"课堂蕴含着巨大的生命活力，只有充分发挥教师的教学激情与学生的学习热情，才能使师生的生命活力在课堂教学中得到有效发挥，才能真正有助于人的培养和教师的成长，课堂才有真正的活力。教学不是完全根据教师的事先预设照本宣科或者按部就班，充分发挥师生双方的积极性，增加教学双方头脑火花的碰撞机会，才是关键所在。随着思想的不断碰撞，创新火花不断迸发，新的学习需求不断产生。教师凭借富有魅力的教学，引导学生感悟、体会、想象，有利于调动学生的学习热情，为催化学生课堂讨论的激情做好铺垫。学生学习热情的高涨，讨论兴趣的培养，对问题的感知力、正确价值观的形成，源于课堂教学却高于课堂教学。在这样的课堂上，学生兴趣盎然，认识和体验不断加深，获得了多方面的满足和发展。教师的劳动也闪耀着创新的光辉，师生都能感觉到生命活力的涌动。教师与学生都是鲜活的生命体，课堂生活是他们生命历程的组成部分，理应充满勃发的生命活力。我们常说知识是长在智慧之树上最美丽的花朵。因此，我们的课堂应该是师生踊跃采撷芬芳、分享智慧之美的场所。

在这样充满活力的课堂上，知识的传授、能力的训练、情感的陶冶、意志的磨炼、个性的张扬浑然一体，互相交融，汇成一股推动学生积极向上的巨大动力。

（三）体现创新生命力的有效教学

教学方法是指教师和学生为了完成共同的教学任务，在教学过程中运用的方式和手段的总称，它是教师教的方法和学生学的方法的统一。我们常说"教学有法，教无定法"，是指教学方法应该根据需要进行丰富，灵活多样化。教学方法的创新应把握好两点：一是引导学生"愿意学"比学好更重要；二是会学比学会更重要。教师一般会有意识地指导学生运用创新学习方法，注重学习的多元性和创造性，倡导问题型教学法、引导型探究法、研究型发现法、局部探求法、社会探寻法、智力型激励法、体验型学习法、挫折演示法等，注重发展学生的个性。教师要善于从点点滴滴挖掘学生的创新能力，通过以上方法，启发学生创新学习。教师要善于从学生的发言、作业等发现学生的创新闪光点，并加以积极引导。国外也有不少教育家构建的创新教育模式值得借鉴，包括启发思维、激发创新行为的威廉姆斯创造与情意模式，以解决问题为中心的吉尔福特模式，泰勒的发展多元才能模式，美国心理学家戴维斯的四环节开发模式，等等。

　　没有任何一种方法适合同一位教师与同一批学生。正如生活是多姿多彩、五彩缤纷的，课堂的教学方法也应该不断地丰富与更新。"有些教师一直有成功的技巧去激发学生努力学习，他们从不逼学生。他们都有一些启发某些学生学习的成功经验。但现在，我们能学会怎样激发所有的学生。"传统的教学方法我们已经耳熟能详，例如讲授法、练习法、演示法等，但如果一昧使用这些教学方法，留给学生想象与发展的空间还是太狭隘。创新课堂力求达到的是"此处无声胜有声"的境界，这里的声音不单单指教师的语言，更指教师的思想。教师如何以"无声"来培养"有声"，这就是教学的一门艺术，也是教学的一种创新美，更是对生命本质的尊重。

❀ 行动研修

　　创新是事物发展的原动力。人类社会经历了几千年的文明史，见证了生命本质力量的伟力与创举，其中一个最主要的推动力就是创新。创新推动了历史文明的发展，创造了璀璨的硕果。同样，课堂教学需要发展，需要由专制的、枯燥的、单一的传统教学转变为自由的、生动的、多元的创新教学，其中重要的一点就是教学方法的创新。

　　世界因多元而美丽，要呈现课堂美，就要为课堂注入新鲜的血液。紧紧围绕生命化课堂这一理念，就是要发掘潜藏在我们体内的原始的创新欲望。人总是对身边的事物充满好奇，也总是愿意革新。因此，我们不仅要从制度上保证创新的机制，更要从课堂内部抓起，营造创新的氛围，鼓励创新的举动。具体应该从以下方面努力。

一、营造创新的教学氛围

美具有艺术的天性。只有宽松自由的氛围才是根植美的土壤。在传统课堂中，教学方法陈旧、缺乏创意。生命化课堂则不同，它拥有宽松和谐的氛围，拥有师生的全心投入。要营造令人情绪激昂、心情愉悦的氛围，首先，需要教师有辩证的审美思考。在课堂中，教师时而以虚避实，时而正话逆说，为的就是给学生创造一个充满悬疑的创新环境。同时，教师要在精神上鼓励学生大胆质疑，敢于发现。亲和的态度，哪怕是一个美丽的微笑，都能给犹豫不前的学生以莫大的精神支持。

二、鼓励创新的举动

创新举动是经过自己的理解，融入自己的思维之后的成品。这些成品虽然一开始比较粗糙、古怪甚至有点儿异想天开，却反映了人类善于创新的天性。事实证明，正是这些突然的灵感，给人类的生活带来了变化，甚至开创了一个时代。信息社会更新的脚步日新月异，有创新思想的人才是社会所需要的人。课堂这个培养人才的地方，更需要鼓励这种举动，创造美。教师需要正视学生的种种创举，并循循诱导，为他们开辟道路。而学生自己也应该站在前人的肩膀上，在老师的基础上，多思多想，发展自己创造美的能力。

三、走近大自然，那里是创新的源头

大自然不仅孕育了人类，而且是人类最好的老师和最忠实的朋友，她总是会让人们惊奇不已。大自然在人类诞生之前就已经生机勃勃，在人类诞生之后就成了人类栖息的家园。人类在大自然母体上繁衍生活，她因矛盾而不断发展，却又是矛盾的完美解决者。大自然里的植物、动物乃至微生物不计其数，每个都是技艺超群的工程师，它们在自然界里存在了上亿年，早已学会如何趋利避害，如何根据变化的环境保全自身。大自然花了成千上万年的进化才得到的解决方法，人们只要认真观察，几分钟就可以醍醐灌顶。

实际上，没有比自然更好的创新了。"不要把自然当作材料供应源，而是当作创意和灵感的宝藏库。"我们要善于向大自然学习，因为它总是能在我们倍感困扰的时候让我们脑洞大开，总是能在我们黯然伤神的时候让我们豁然开朗，永远能给我们提供新的素材和新的思路。常去大自然的怀抱沐浴阳光雨露吧，放下心里的牵绊，卸下胸中的烦恼，躺在生机勃勃的草地上，认真观察，仔细聆听。还要记得随身携带小本子，养成随手记下头脑中"小火花"的习惯，星星之火可以燎原。

四、根据自己的学科及相关教学内容，设计一个创新的情境教学

参考案例：

师：现在，你的脚下就是这又松又软的海滩，你最想做点儿什么呢？

生：我想在这样的沙滩上美美地睡上一觉，做个美梦。

生：我想在这里捡贝壳，多有趣啊！

生：我想在这里造一座楼房。

师：（十分惊奇的样子）你是怎么想到在海滩边造一座房子的呢？

生：我就想永远住在大海边，看风景。

师：（非常开心地）你的想法真的很妙啊！

师：是的，睡在这样的沙子上是多么舒服、快乐啊！更妙的是还可以听大海的歌唱。

师：闭上眼睛，跟着老师一起躺在沙滩上，竖起小耳朵听大海怎么歌唱？大海在唱什么？

生：大海有时候喜欢高声地歌唱。

生：大海有时候喜欢轻轻地歌唱。

生：大海在唱：小朋友，快到我的怀里玩儿吧！

师：（非常真诚地）谢谢你，大海，我真愿意这样！

生：我有很多宝贝，你们自己来挑吧！

师：这么多贝壳，令人眼花缭乱。别急，老师提议你们来个捡贝壳比赛，看谁捡的贝壳多、捡的贝壳美，好不好？

师出示：嗨，快来看呀！我捡的贝壳，有（   ），有（   ），还有（   ）。

生：我第一个来捡……

参考文献

[1] 陶行知. 陶行知全集 ［M］. 成都：四川教育出版社，2005.

[2] 庄寿强. 普通行为创造学 ［M］. 4 版. 徐州：中国矿业大学出版社，2013.

[3] 谭小宏. 创造教育学导论 ［M］. 北京：北京师范大学出版社，2012.

[4] 龚春燕，龚冷西. 创新教育学 ［M］. 北京：北京师范大学出版社，2014.

[5] 李雄杰. 创新教育探索 ［M］. 北京：中国水利水电出版社，2014.

[6] 张庆英. 创新教育与教育的创新 ［M］. 北京：中国财富出版社，2016.

[7] 徐丽华，吴文胜，傅亚强. 教师与学生创新行为的发展 ［M］. 北京：教育科学出版社，2011.

[8] 李奋生，许传新，陈多闻. 文科大学生科技创新教育 ［M］. 北京：科学出版社，2018.

[9] 谭顶良. 高等教育心理学 ［M］. 南京：河海大学出版社，2006.

[10] 王复亮. 创新教育学概论 ［M］. 北京：中国经济出版社，2006.

[11] 陈敬全，孙柳燕. 创新意识 ［M］. 上海：上海科学技术出版社，2003.

[12] 英格尔斯. 人的现代化：心理·思想·态度·行为 ［M］. 殷陆君，译. 成都：四川人民出版社，1985.

[13] 路海东. 教育心理学 [M]. 长春：东北师范大学出版社，2002.

[14] 袁振国. 当代教育学 [M]. 北京：教育科学出版社，2004.

[15] 柏格森. 创造进化论 [M]. 肖聿，译. 北京：华夏出版社，2000.

[16] 苏霍姆林斯基. 教育的艺术 [M]. 肖勇，译. 长沙：湖南教育出版社，1983.

[17] 马斯洛. 人类激励理论 [M] //石含英，王荣祯. 世界管理经典著作精选. 北京：企业管理出版社，1995.

[18] 吴康宁. 教育社会学 [M]，北京：人民教育出版社，2008.

[19] 陈美华，辛磊. 李嘉诚全传 [M]. 北京：中国戏剧出版社，2005.

[20] 张庆林，曹贵康. 创造性心理学 [M]. 北京：高等教育出版社，2004.

[21] 李向成，任强. 点击学生的创新思维 [M]. 北京：中国社会科学出版社，2002.

[22] 肖云龙. 脱颖而出：创新教育论 [M]. 长沙：湖南大学出版社，2000.

[23] 程胜. 学习中的创造 [M]. 北京：教育科学出版社，2008.

[24] 苏霍姆林斯基. 给教师的建议 [M]. 杜殿坤，译. 北京：教育科学出版社，1981.

[25] 毛光民，毛富强. 观察是起点 [M]. 天津：百花文艺出版社，2000.

[26] 罗宾逊，阿罗尼卡. 发现你的天赋：天分与热情成就幸福人生 [M]. 李慧中，译. 杭州：浙江人民出版社，2015.

[27] 威特. 卡尔·威特的教育 [M]. 刘恒新，译. 北京：京华出版社，2003.

[28] 戈尔曼，考夫曼，雷. 每个人都有创造力 [M]. 罗汉，等译. 上海：上海人民出版社，2004.

[29] 夏昌祥，鲁克成. 点燃创新之火：创造力开发读本 [M]. 北京：科学出版社，2005.

［30］姚凤云，苑成存. 创造学理论与实践［M］. 北京：清华大学出版社，2006.

［31］刘江. 怎样成为创新型教师［M］. 南京：江苏美术出版社，2011.

［32］唐淑，钟昭华. 中国学前教育史［M］. 北京：人民教育出版社，1993.

［33］联合国教科文组织国际教育发展委员会. 学会生存：教育世界的今天和明天［M］. 华东师范大学比较教育研究所，译. 北京：教育科学出版社，1996.

［34］联合国教科文组织. 教育：财富蕴藏其中［M］. 联合国教科文组织总部中文科，译. 北京：教育科学出版社，1996.

［35］教育部科学技术司，等. 青少年创造力国际比较［M］. 北京：科学出版社，2003.

［36］王策三. 教学论稿［M］. 北京：人民教育出版社，2005.

［37］陈琦，刘儒德. 教育心理学［M］. 北京：高等教育出版社，2005.

［38］杨乃定. 创造学教程［M］. 西安：西北工业大学出版社，2004.

［39］袁张度，许诺. 创造学与创新方法［M］. 上海：上海社会科学院出版社，2010.

［40］扈中平. 现代教育学［M］. 3 版. 北京：高等教育出版社，2010.

［41］左丹，姚学文，陈玉英. 创造教育，激发孩子们的潜能［N］. 湖南日报，2010－03－03（8）.

［42］胡锦涛. 在全国优秀教师代表座谈会上的讲话［N］. 人民日报，2007－09－01.

［43］李吉林. 不断塑造自我，提高自身素质［N］. 中国教育报，1997－01－27.

［44］让师生发现自己、成就自己：中英学者探讨教育的真谛［N］. 中国教育报，2019－06－14（5）.

［45］苏新民. "姆佩姆巴"效应［J］. 中学生理科月报，1999（26）.

［46］杨淑萍. 培养问题意识 提高创新能力［J］. 教育理论与实践，1999
（7）.

［47］吴文胜. 学生创新为目标的教育：教师问题质询与激励视点［J］.
当代教师教育，2010（1）.

［48］周红霞. 建设创新型国家中增强国民创新意识的研究［D］. 武汉：
武汉理工大学，2010.